현재의 판결,
판결의 현재
2

현재의 판결 판결의 현재

판결비평 2019~2023 **2**

참여연대 사법감시센터 지음

북콤마

이중의 풍경화

차병직 변호사

세상을 이해하는 경로는 여러 갈래다. 판결문을 통해 세상을 탐색하는 일은 보통 사람들에게 익숙한 방식은 아니다. 재판이야 법정에 가서나 영화로 보기는 하지만, 그 결론에 해당하는 판결문은 소설만큼 쉽게 읽히지 않기 때문이다. 국가권력을 감시하는 눈초리는 재판을 통해 우리 사회의 갈등을 확인하려는 관성을 지니고 있다. 그 힘에 이끌리어 판결문을 뜯어보고, 의문을 제기하고, 개선 방향을 제안한다.

1년 동안 전국의 법원과 헌법재판소에서 다루는 사건은 700만 건에 육박하는데, 매일 2만 건 가까이 접수된다는 계산이다. 과장해서 말하면, 세상의 모든 일이 법원에서 결론을 맺는다. 우리 일상의 삶이 법원 주변에 모여들고 그 문턱을 넘는 사연이 사건으로 바뀌면서 단층촬영의 화면처럼 기록으로 남는다. 판결문이라는 이름의 세태를 담은 필름을 시민의 진보적 열망이 일으키는 빛에 투과시켜 해독한다. 그 결과가 여기서 펼치는 비평적 칼럼이다.

동성 배우자의 제도적 사회보장은 왜 불가능한가, 성전환 군인의 강제 전역은 옳은가, 장애인의 필요 시설 접근권은 소매점까지 확장되는가, 발달장애인은 투표할 수 없나, 점자 선거공보는 면수를 꼭 줄여야 하나, 아파트 경비노동자의 변칙적 휴식 시간에 대한 임금 지급은, 베트남전쟁에 파견된 한국군에 의해 학살당한 피해자 유족들의 손해배상을 인정한 의미는, 미군 기지촌 '위안부' 제도에 대한 국가 책임은, 가명 처리한 정보도 보호 대상의 개인정보인가, 해외 콘텐츠를 제공하는 넷플릭스는 망 사용료나 접속료를 내야 하나, 사기극 경품 소란을 일으킨 홈플러스는 유죄인데도 왜 이익을 모두 가져갔나, 난민과 비난민으로 갈라진 어린 아들과 아버지의 운명은, 북한 회사가 남한 회사를 상대로 소송을 건다면?!

선정한 사건을 제목처럼 요약한 다음에 물음표를 달 것인가, 느낌표를 칠 것인가. 우리가 살고 있는 세상은 어떻게 우리가 살고 싶은 세상으로 바뀌어야 하는가에 대한 분류와 선택의 기준이 두 부호 사이에 있다. 그것을 제시한 것이 이 책에 실린 의견이요 주장이며 미래에 속한 작은 사상의 씨앗이다.

짧은 길이의 판결 비평이지만, 단순한 설명에 그치는 스케치가 아니다. 동성 사이의 성행위를 무조건 처벌하는 군형법 규정에 제동을 건 대법원은 같은 유형의 사건에서 하급심 판사가 스스로 헌법재판까지 감행하는 결단주의적 용기를 발휘하는 사정들이 겹쳐 전원합의체에 이르렀는데, 느낌표 부여에 멈추지 않고 해당 조문의 폐지와 실효의 주장으로 나아간다. 이어서 성소수자 단체의 체육 행사에 장소 대여를 거부한 지방자치단체의 손해배상 책임을 인정한 판결에도, 잠깐의 박수에 이어 인권적·헌법적 관점에서 결여된 논리를 지적하는 의문 부호를 붙인다. 따라서 이 책에 담긴 내용은 우리 사회를 치열하게 그려낸 이중의 풍경화이자 삼중의 세밀화다.

우리 주변에서 일어나는 무수한 사건은 먼지와 같다. 저마다 사건 속에서 살아가고, 사건의 일부가 된다. 사건은 너와 나의 환경이다. 사건의 요소들이 충돌해 염증처럼 상처가 생기면, 말과 문자로 진단하고 치료하는 법원으로 간다. 재판은 시작과 끝이 불분명한 사건을 편의대로 잘라 법·제도의 틀에 맞추는 공권력의 작용이다.

그 결과는 주는 대로 받아들일 수 없다. 사법 감시의 눈으로 검토해야 한다. 삶의 사법적 인식에 대한 사후 청문회처럼 검증을 통해 메타 인식의 표지를 만들어내야 미래를 기대할 수 있다. 우리만 옳은 것은 아니라는 사실을 잘 알면서도 우리의 주장을 굽힐 수 없는 이유다. 부분의 모순을 포기할 수 없는 경우가 있는 법이다. 참여연대의 분류법이 행해지는 지점에서 적용되는 기준의 하나는, 평범한 사람들이 삶으로부터 부당한 대우를 받지 않아야 한다는 것이다.

시민의 마음을 움직이는 판결을 기대하며

2010년, 한 대기업이 노조의 파업으로 손해를 입었다며 29명의 비정규직 노동자들에게 20억 원의 손해배상을 청구했습니다. 소송이 진행되는 동안 피고는 4명으로 줄었고 최근 대법원은 노동자들이 회사에 20억 원을 배상해야 한다던 원심을 깨고 사건을 고등법원으로 돌려보냈습니다. 13년의 시간이 걸렸지만, 노란봉투법 입법이 쟁점인 상황에서 대법원이 '쟁의행위에 따른 책임은 노동조합에 있고, 조합원에게 손해배상 책임을 지우는 것은 헌법상의 노조 결성권을 약화시키는 것이며, 관여 정도에 따라 배상 책임 범위도 달라야 한다'고 판결한 것이 고무적이기까지 합니다.

한편 최근 10·29 이태원 참사 당시 이상민 행정안전부 장관의 부실 대응에 대한 법적·헌법적 책임을 묻는 국회의 탄핵 심판 청구를 헌법재판소가 기각했습니다. 형식적 법 논리에 기대 사회적 참사의 국가 책임을 부정하고, 참사의 책임을 주무 장관에게 지울 수 없다는 결정입니다. 시민 수백 명이 생명을 잃었는데도 아무도 책임지지 않는 '무법 사회'를 선언한 판결, 이보다 가혹하고 참혹한 판결이 있을까요.

이처럼 판결은 시민의 삶과 권리에 지대한 영향을 끼치고, 국가 권력의 책임과 의무를 가리는 최종 잣대가 되기도 하지만, 시민들에게 판결은 여전히 낯설고 먼 것이 사실입니다. 그러나 사법권도 애초 주권자인 국민이 법원에 위임한 권력입니다. 법도 시대적 상황이나 공유 가치의 변화에 따라 해석이 달라질 수 있고, 판결도 그에 따라 바뀔 수 있다는 점에서 시민들이 법원의 판단을 두 눈 부릅뜨고 지켜봐야 할 책임이 있기도 합니다.

그래서 참여연대 사법감시센터는 2005년부터 '판결비평-광장에 나온 판결'의 이름으로 사회 변화의 흐름이나 시민의 법 감정과 괴리된 판결, 권리 보호에 기여했거나, 그러지 못한 판결을 선정해 시민의 시선으로 비평해오고 있습니다. 〈현재의 판결, 판결의 현재 2〉는 그중 2019년부터 2023년 사이 발간한 주요 비평문을 모은 판결비평집으로, 〈공평한가?: 그리고 법리는 무엇인가, 판결비평 2005~2014〉, 〈현재의 판결, 판결의 현재: 판결비평 2015~2019〉에 이은 세 번째 단행본입니다.

이번 책에는 긍정적이든 그 반대이든 차별과 평등이 열쇳말이 될 판결들이 많이 실렸습니다. 양승태 대법원 사법 농단 사태의 잇단 무죄 판결 법리의 문제점을 짚은 사법 농단 특집과 장애인(차별철폐)의 날을 맞아 우리 사회의 장애인과 비장애인에 대한 뿌리 깊은 차별을 짚은 특집 비평도 담았습니다.

이 책이 나오기까지 여러분의 노고가 있었습니다. 바쁜 와중에도 기꺼이 시간과 열정을 내어준 필자들에게 감사의 말씀을 드립니다. 지면의 한계로 담지 못한 주옥같은 비평의 필자들에게도 감사의 인사를 전합니다. 비평할 판결을 선정하고 필자를 물색하느라 동분서주하는 사법감시센터 임원과 활동가들의 변치 않는 노력이 있었기에 세 번째 판결비평집을 엮을 수 있었습니다. 마지막으로 매번 고심과 인내로 좋은 책을 만들어주는 출판사 북콤마 편집진에도 감사드립니다.

정의롭고 공정해 시민의 마음을 움직이는 판결을 기대하는 것은 헛된 희망일까요? 우리가 더 많은 판결을 광장으로, 공론장으로 불러낸다면 달라질 것입니다. 그 희망을 위해 우리의 행동은 계속될 것입니다.

2023년 7월

이지현 참여연대 사무처장

차례

2022

2021

2020

2019

2023

현 재 의 판 결 , 판 결 의 현 재

동성 배우자에게 국민건강보험법상 피부양자 지위를 인정한 2심

제주 영리병원에 '내국인 진료 제한 조건'을 부가한 것이 위법하다는 1심을 뒤집은 2심

베트남전 민간인 학살 피해 생존자의 대한민국 대상 손해배상 청구 1심 판결

SKT를 상대로 한 개인정보 가명처리정지권 이행소송 1심 판결

폭행으로 사망한 장애인에 대해 일실 수입을 인정하지 않은 판결

함께 만드는 혼인평등

#함께만드는혼인평등 #무지개행동 #rainbowactionkr

사랑 평등 돌봄 평등

30대 동성 부부인 김용민(오른쪽) 씨와 소성욱 씨. **사진** 박영록

우리가 동성혼이라는 가능성을 실감할 수 있다면

동성 배우자에게 국민건강보험법상 피부양자 지위를 인정한 2심

정명화 변호사(공동법률사무소 이채)

판결이 선고된 날 나는 여러 변호사한테서 같은 연락을 받았다.

"판결문 봤어?"

그렇다고 대답하면 상대방은 잠시 숨을 고른 뒤 한결같이 이렇게 대답했다.

"판결문을 보고 가슴이 뛴 게 얼마 만인지 몰라."

그건 우리가 법에 기대하는, 너무 오래 잊고 있던 법의 모습이었다. 정의와 평등의 서늘한 잣대로 이 비뚠 세상을 교정하는, 푸른 칼날 같은 당위의 언어가 그 안에서 소나기처럼 쏟아져 내리고 있었다.

원고에게는 가족들 앞에서 결혼식을 올리고 함께 살아가는 배우자가 있었다. 원고와 배우자는 동성으로, 즉 성별이 같았다. 그 때문에 둘은 혼인신고를 하지는 못했다. 그것을 제외한 나머지 사실은 혼인신고를 마친 이성 부부와 비슷했다.

어느 날 원고는 다니던 직장을 그만두며 건강보험 지역가입자가 됐다. 반면 배우자는 여전히 건강보험 직장가입자인 채였다. 그런데 국민건강보험은 법률혼만이 아니라 사실혼 배우자에 대해서도 건강보험 피부양자 자격을 부여하고 있었다. 그래서 원고는 배우자의 피부양자가 되기로 결심했다. 이에 따라 배우자는 국민건강보험에 '사실혼 관계 인우 보증서'를 첨부해 원고를 본인의 피부양자(사실혼 배우자)로 자격 취득 신고를 했고, 국민건강보험은 이를 그대로 수리했다. 그때부터 원고는 지역가입자 보험료를 납부하지 않고 배우자의 피부양자 자격으로 보험 급여를 받아왔다.

원고는 자신의 사례가 확산되기를 바라는 마음에서 이런 사실을 언론에 알렸다. 그러자 국민건강보험이 갑자기 원고에 대한 피부양자 자격을 소급해 상실시켰다. 그러면서 원고에게 그동안 배우자의 피부양자로 인정되어 납부하지 않았던, 8개월분의 건강보험료와 장기요양보험료를 납입할 것을 고지했다.

원고는 이 사건 처분을 취소해달라는 소송을 제기했지만 1심 판결은 이를 기각했다. '구체적 입법이 없는 상태에서 해석만으로 곧바로 혼인의 의미를 동성 간 결합에까지 확대할 수는 없다'는 이유에서다. 그러나 항소심 판결은 달랐다. 국민건강보험의 피부양자 자격에 대한 논의에서 이성 간의 '사실혼 배우자'와 원고와 같은 '동성 결합 상대방'(판결에서 '동성혼'이 아니라 '동성 결합'이라는 표현을 사용했기에 그대로 인용함)은 본질적으로 동일한 성격을 갖는다고 보았다. 둘은 각자가 '성적 지향'에 따라 선택한 생활공동체의 상대방인 직장

가입자가 그들과 이성인지 동성인지만 달리할 뿐, 법률적 의미의 가족 관계나 부양의무의 대상에는 포함되지 않는 정서적·경제적 생활 공동체라는 점에서는 서로 다르지 않다는 것이다.

그러면서 항소심은 건강보험 제도의 취지가 사회보장의 일종으로 기능하는 데 있으므로 법률적 의미의 가족과 부양의무는 피부양자 제도의 출발점은 될 수 있어도 그 한계점으로 남아서는 안 된다고 지적한다. 이를 종합해 원고에게 건강보험 피부양자 자격을 인정하지 않은 이 사건 처분은 평등 원칙에 반하는 자의적 차별로서 위법하므로 취소해야 한다고 결론지었다.

한편 항소심은 현행 법령의 해석론으로는 동성 배우자 간 사실혼 관계는 인정할 수 없다고 판단하기도 했다. 두 사람은 외견상 우리 사회 내에서 혼인 관계에 있는 자들의 공동생활과 유사한 관계를 유지한 것은 사실이나, 헌법 제36조 제1항은 '혼인과 가족생활은 개인의 존엄과 양성의 평등을 기초로 성립되고 유지돼야 하며, 국가는 이를 보장한다'고 규정하고 있고, 민법 역시 양성 구별과 그 결합을 전제로 혼인한 당사자를 부부 혹은 부 또는 처, 남편과 아내라는 용어로(민법 제826조, 827조, 847조, 848조, 850조, 851조 등) 지칭하는 점 등을 종합하면, 사실혼의 성립 요건인 '혼인' 역시 '남녀의 애정을 바탕으로 한 결합'으로 해석해야 한다는 것이 그 이유였다.

이런 판단은 법이 제정될 당시의 사회적 합의가 시간이 흐르며 달라진 상황에서, 법에 기재된 언어도 그에 맞춰 달리 해석할 가능성을 충분히 고려하지 않았다는 점에서 아쉬움을 남긴다.

국민건강보험이 상고해 아직 대법원의 판단이 남아 있는 상황이다. 3심에서도 국민의 가슴을 뛰게 만드는 좋은 판단이 이어지기를 기대하며 항소심 판결문의 일부를 인용하는 것으로 글을 마무리하려고 한다.

"추가로 어떠한 차별이 '성적 지향'을 이유로 정당화될 수 있는지 간략히 덧붙이고자 한다. 우리나라를 포함해 세계 각국에서 과거부터 현재에 이르기까지 동성애와 같은 성적 지향 소수자들에 대한 명시적·묵시적 차별이 존재해왔음은 부인할 수 없다. 그러나 성적 지향은 선택이 아니라 타고난 본성으로, 이를 근거로 성격, 감정, 지능, 능력, 행위 등 인간의 삶을 구성하는 모든 영역의 평가에서 차별받을 이유가 없다는 인식이 확산되고 있고, 그에 따라 성적 지향을 이유로 한 기존 차별들은 국제사회에서 점차 사라져가고 있으며, 남아있는 차별들도 언젠가는 폐지될 것이다. 우리나라 역시 국가인권위원회법 제2조 3호에서 성적 지향을 이유로 한 차별을 전형적인 평등권 침해 차별 행위 유형 중 하나로 열거하는 등 사법적 관계에서조차도 성적 지향이 차별의 이유가 될 수 없음을 명백히 하고 있으므로, 사회보장제도를 포함한 공법적 관계를 규율하는 영역에서 성적 지향을 이유로 한 차별은 더 이상 설 자리가 없다고 할 것이다."

서울행정법원 6부(재판장 이주영) 2022.1.7. 선고 2021구합55456 판결
서울고등법원 행정1-3부(재판장 이승한) 2023.2.21. 선고 2022누32797 판결

보건·의료 제도의 공공성에 기반한 상식적 판단

제주 영리병원에 '내국인 진료 제한 조건'을 부가한 것이 위법하다는 1심을 뒤집은 2심

황영민 변호사(법무법인 새록)

법 규정의 의미가 명확하거나 판례가 축적된 사안에서는 법 규정이나 법률행위의 의미를 달리 해석하기 쉽지 않다. 그러나 그 해석을 둘러싸고 견해가 대립할 때 관련 법률과 제도의 입법 취지 및 목적, 제·개정 연혁 등을 고려해 구체적 타당성을 찾는 해석이 이뤄질 수 있다. 다만 사건 당사자나 소송대리인의 노력에도 불구하고 상당수 판결에서는 해석에 이르는 고민의 과정을 엿볼 수 없는 것도 사실이다.

제주 녹지국제병원의 개설 허가를 둘러싸고 진행된 일련의 사건들에서 보여준 법원의 태도도 다르지 않다. 제주도지사의 녹지병원 개설허가 취소처분을 다툰 판결(대법원에서 취소처분이 위법하다는 항소심 판단을 인정함, 2022.1.13. 선고 2021두50765 판결)과 개설 허가에 부가된 '내국인 진료 제한 조건'의 취소를 다툰 이번 사건의 1심 판결에서, 법원은 영리병원을 둘러싼 사회적 논란의 배경을 살펴보는 노력을 기울이지 않았다. 국내 1호 영리병원의 허가 처분 내지 허가 조건을 둘러싼 다툼은, 근본적으로 현행 보건·의료 제도의 형성 과정과 외국 의료기관(영리병원)의 허가가 현행 제도에 미칠 영향에 대한 이해가 기반이 돼야 한다. 그러나 두 사건에서 법원은 형식적으로 법 논리를 적용해 판결에 이르렀을 뿐 그 과정에서 보건·의료 제도에 대한 이해와 고민의 흔적은 보이지 않았다.

특히 '내국인 진료 제한 조건' 취소를 다룬 이번 사건의 1심 판결에서, 법원은 대한민국의 보건·의료 제도가 국민의 건강권 보장이라는 공익적 목적에 따라 의료기관의 의료 행위 내용 및 급여 비용을 법으로 규정해 엄격한 제한을 하고 있다는 점 등을 간과하고 내국 의료기관과 외국 의료기관 허가의 법적 성질을 동일하게 판단해 '내국인 진료 제한 조건'이 위법하다는 결론에 이르는 우를 범했다.

반면 이번 사건의 항소심은 녹지병원 개설 허가에서 '내국인 진료 제한 조건'을 부가한 것이 적법하다고 판단했다. 항소심과 1심 판결이 동일한 사실관계에 서로 다른 결론을 내리게 된 이유는 무엇보다 보건·의료 제도에 대한 이해와 그 영향을 고려해 조건 부가의 적법 여부를 판단했는지에 따른 것이다. 이는 항소심 판결문의 서술 체계에서도 확인할 수 있다.

항소심 판결은 서두의 '기초 사실'에서 '우리나라 의료보험 체계의 개괄' 항목을 두고 세부적으로 '의료보험 제도'와 '요양기관 지정 제도', '의료기관 개설 주체 제한' 등 사건과 관련된 대한민국의 보건·의료 제도를 살폈다. 또 제주특별법상의 '외국인 운영 의료기관 개설에 관한 특례 제도 개괄'과 '제주 헬스케어타운 조성 사업의 진행 경위', '원고(녹지제주헬스케어타운 유한회사)의 외국 의료기관 개설 허가 절차의 진행 경위' 등도 비교적 상세히 기술했다.

이에 토대해 항소심은 핵심 쟁점에 대한 본안 판단에서, 제주특별법상 외국 의료기관 개설 허가는 '재량행위'에 해당해 제주도지사가 녹지병원 개설 허가에서 별도 근거 규정 없이도 '내국인 진료 제한' 조건을 부가할 수 있으므로 그 조건 부가 행위가 적법하다고 판단했다(반면 1심 법원은 제주특별법상 외국 의료기관 개설 허가는 국내의 일반 의료기관 개설 허가의 법적 성질과 동일하게 '기속재량행위'에 해당하므로 '조건'[행정법 용어로는 '부담']을 부가하는 것 자체가 위법하다고 보았다. 1심과 항소심은 '내국인 진료 제한 조건'의 법적 성질이 부관의 일종인 '부담'이라는 점에 대해서는 동일하게 판단했다. 법리상 '기속재량행위'에는 법령상 근거 없이 부관을 붙일 수 없으나 '재량행위'에는 부관을 붙일 수 있다고 해석된다).

특히 항소심은 제주특별법상 외국 의료기관 개설 허가가 '재량행위'에 해당한다는 근거로 다음과 같은 점을 제시했다.

첫째, 헌법 제36조 제3항에 따라 "보건·의료는 단순한 상거래의 대상이 아니라 사람의 생명과 건강을 다루는 중대한 것"이고, "국민에게 가장 바람직한 보건·의료 서비스를 제공하는 방법과 정책에 대한 광범위한 입법 형성권을 가진 입법부에서 우리나라 보건·의료의 여러 사정을 고려해 입법정책으로 결정할 재량 사항으로서 입법 형성의 자유에 속하는 분야"다.

둘째, 우리나라는 '영리병원 금지, 건강보험 의무가입제, 요양기관 당연지정제' 등을 주축으로 하는 보건·의료 체제를 완성해 현재까지 유지하고 있어, 제주특별법상 외국 의료기관 개설 허가는 이런 보건·의료 체제의 예외를 인정하는 강학상 특허로서 '재량 행위'에 해당한다.

셋째, 영리병원이 개설될 경우 '영리 추구, 환자의 무리한 유치, 수요가 적은 전문 진료 과목의 미개설 또는 과소 공급' 등 건전한 의료 질서를 어지럽히는 부작용을 초래할 가능성이 있어 국민의 의료비 부담 증가, 의료의 공공성 훼손 등을 초래할 우려가 있다.

넷째, 제주특별법에 따른 외국 의료기관 개설 허가로 보건·의료 체계에 미칠 영향을 예측하기 어려운 불확실성이 있고, "보건·의료 체계의 중대한 공익성" 등을 고려할 때 외국 의료기관 개설 허가는 고도의 정책적 판단이 필요해 행정청이 폭넓은 재량을 가진다.

이렇게 재판부는 영리병원의 문제점과 외국 의료기관 개설 허가의 특수성을 고려해 그 허가에 행정청이 조건 부가 등 재량을 가질 수밖에 없는 이유를 비교적 상세히 설명했다. 아울러 '내국인 진료 제한 조건'이 비례의 원칙이나 신뢰 보호 원칙을 위반했는지 등 여타의 법적 쟁점을 판단할 때도 보건·의료 제도의 공공성을 전제해 판단했다.

항소심 법원의 재판부가 형식적 법리에 매몰되지 않고 현행 보건·의료 제도의 역사와 취지, 목적 등을 충분히 살펴 개설 허가 조건의 적법 여부를 판단한 것은 분명 평가할 만하다. 그러나 기실 이번 판결이 제시한 '보건·의료 제도의 공공성, 영리병원의 위험성'

등은 하늘에서 떨어진 새로운 논리가 아니다. 이미 의료법을 둘러싼 여러 사건에서 헌법재판소는 보건·의료의 공공성, 영리병원의 위험성을 여러 차례 지적한 바 있고(헌법재판소 2020.2.27. 선고 2017헌바422 결정 등[1]), 오히려 이번 사건의 1심 판결이 예외적 해석으로 부당한 결론을 도출했다고 보는 것이 타당하다.

항소심 판결이 나오고 녹지병원 측이 상고해 이번 판결은 이제 대법원에서 판단이 예정돼 있다. 대법원이 외국 의료기관과 영리병원에 대한 소모적 논란을 조속히 마무리하기를, 아울러 보건·의료 제도에 대한 이해와 국민의 건강권 보호를 고려해 상식적인 판단을 내리기를 기대한다.

제주지방법원 행정1부(재판장 김정숙) 2022.4.5. 선고 2019구합5148 판결
광주고등법원 제주행정1부(재판장 이경훈) 2023.2.15. 선고 (제주)2022누1441 판결

2023년 6월 대법원은 심리불속행으로 상고를 기각했다.

---

1 예컨대 헌법재판소 2001헌바87 결정에는 다음과 같은 내용이 담겨 있다. "대자본을 바탕으로 한 기업형 병원은 국민 건강 보호라는 공익보다는 영리 추구를 우선해, 환자의 무리한 유치, 1차 진료 또는 의료보험 급여 진료보다는 비급여 진료에 치중하는 진료 왜곡, 수요가 적은 전문 진료 과목의 미개설 또는 과소 공급, 과잉 진료로 인한 의료 과소비, 의료 설비와 시설에 대한 과대 투자로 장기적인 의료 자원 수급 계획의 왜곡, 의학 교육·연구 등 사회적 필요에 따른 요청의 경시, 소규모 개인 소유 의료기관의 폐업 등으로 건전한 의료 질서를 어지럽히는 등 부작용을 초래할 가능성도 있다. 그 결과로 의료비 지출 증가, 국민의 의료비 부담 증가, 국민의 의료기관 이용 차별과 위화감 조성, 의료의 공공성 훼손 등을 초래할 우려가 있다. 또한 영리법인이 의료기관을 개설해 운영하는 경우, 영리 법인의 다른 사업상의 필요 특히 대규모 기업집단이 영리법인을 운영할 경우에는 관계 계열사의 사업상의 필요, 투자자의 자본 회수 및 이윤 배당 등에 따라 의료기관의 운영이 왜곡되고 의료의 공익성 내지 공공성을 저해할 위험이 존재한다."

베트남전 민간인 학살에 대한
한국 정부의 배상 책임

베트남전 민간인 학살 피해 생존자의
대한민국 대상 손해배상 청구 1심 판결

김제완 교수(고려대 법학전문대학원)

인간의 존엄성과 가치가 바닥까지 떨어질 수 있는 상황 중 가장 극단적인 것은 전쟁이다. 전투 과정에 희생되는 군인과 수많은 무고한 민간인의 생명과 신체, 재산 피해는 막대하고, 문화유산의 파괴와 집단적인 정신 피폐는 오랜 기간 회복하기 어려운 상처로 남는다. 상대방에 대한 적개심과 증오, 전쟁 생존자의 트라우마는 사회와 개인 양면에서 또 다른 비극의 원인이 되기도 한다. 그 원인과 목적이 무엇이든 선한 전쟁은 있을 수 없다.

이런 전쟁터에서 '법질서'를 외친다는 것은 매우 어렵지만 꼭 필요한 일이다. 전쟁의 참혹성을 예방하고 완화하기 위해서라도 법은 전쟁 상황에도 반드시 적용돼야 한다. 이에 전쟁 당사자국 사이에서 전쟁법 준수는 국제법상의 대원칙으로 인정되고, 종전 후에는 필연적으로 전쟁 과정 중에 저지른 개인과 국가의 불법적 행위에 대해 민형사 측면에서 단죄와 청산이 이뤄진다.

베트남전에 참전한 한국군은 '자유 베트남'을 위해 참전해 많은 희생을 치렀는데, 이들의 헌신과 희생은 조국 대한민국의 명에 따른 것으로서 숭고하게 기억되고 보훈돼야 한다. 그러나 다른 전쟁, 다른 국가의 군인들과 마찬가지로 파월 한국군들 중에도 개인으로 집단으로 범죄를 저지른 자가 적지 않다.

예컨대 베트남전쟁 중 살인과 강간 등 범죄를 저지른 군인을 우리 군사법원이 구속해 처벌한 수는 500명이 넘고, 그들 중 판결 확정 후 죄질이 나빠 사면·복권에서조차 제외된 자들이 40여 명에 이른다. 대표적으로, 무고한 베트남 민간인 7명을 사살하고 금품을 빼앗은 뒤 전투 중 베트콩을 사살했다고 허위 보고한 소대장에게 우리 대법원이 무기징역의 유죄 판결을 확정한 사례도 있다.[2]

이와 같은 전쟁범죄에 대한 법적 청산은 모든 전쟁에서 찾아볼 수 있는 통상적인 법절차로서 '베트남전에 참전한 한국군이 헌신과 희생을 치렀다'는 사실을 들어 서로 상쇄할 성격이 아니다. 전쟁범죄의 법적 청산과 참전 군인의 보훈은 별개 문제로서 양자는 모순되지 않고 양립할 수 있는 것이다.

1968년 2월 12일 베트남 퐁니 지역에서 한국군 해병 제2여단이 작전 수행 중 비무장 상태의 민간인 노인과 여성, 어린이 등 여럿을 사살하고 상해한 사건으로, 피해 생존자(응우옌티탄, 2023년 62세)가

---

2   오마이뉴스, 2000.9.1. "김정길 법무장관님, 31년 전 고등군법회의를 기억하십니까"

대한민국을 상대로 제기한 손해배상을 청구했다. 우리 법원은 1심에서 원고 승소 판결을 선고했는데 베트남전 민간인 학살에 대해 민사책임으로 국가배상을 인정했다는 점에서 매우 의미 있는 판결이다.

여러 쟁점 중에 가장 치열하게 다투어진 것은 사실관계다. 당시 생존자와 참전 군인 등의 생생한 증언에도 불구하고 피고 측에서는 가해 사실 자체를 부인하며 '한국군으로 위장한 베트콩의 소행'이라고 주장했다. 법원이 원고의 손을 들어준 데는, 필자가 보기에는 피고 측의 은폐 행위가 중요한 영향을 미친 것으로 생각한다. 대표적으로, 사건 직후 중앙정보부가 상세히 조사했고 당시 소대장들에 대한 조사 기록은 현재까지 국가정보원에 마이크로필름으로 남아 있다는 점이 확인됐는데도 정부는 문서 제출을 거부했다. 또 당시 사건을 조사한 헌병대 수사계장은 '청룡부대로 위장한 베트콩 소행으로 조사하라는 헌병대장의 지침에 따라 조서를 작성했음'이라고 법정에서 증언하며 당시 진실한 조사를 하지 못해 후회와 죄책감을 느낀다고 소회를 밝혔다. 이렇게 국가의 적극적 진실 은폐가 드러난 상황에서 '한국군으로 위장한 베트콩의 소행'이라는 피고 측의 변명과 몇몇 자료가 설득력이 있을 리가 없다.

두 번째 쟁점은 소멸시효였다. 이미 오랜 시간이 지났지만 법원은 소멸시효가 완성되지 않았다고 봤다. 지금도 피고 측에서 중요 사실에 관한 문서를 제대로 공개하지 않고 진실을 은폐하는 마당에 '원고가 진작 소 제기를 했어야 한다'는 피고 측의 시효 항변이 받아들여지지 않은 것은 신의칙상 당연한 법리다.

한국군과 베트남군 사이에 1965년 9월 5일 체결된 '한·월 군사 실무 약정서' 제19조에서 한국군에 의해 발생한 월남 국민의 피해는 한국과 월남 양국 사이의 협상에 따라 보상한다고 정하고 있는데, 약정에 따라 월남 국민이 직접 대한민국 법원에 소를 제기하는 것이 배제되는지도 문제됐다. 법원은 약정서가 국회의 비준을 받은 정식 조약이 아닐뿐더러, 베트남 정부가 자국민 피해자의 손해배상 청구권을 포기했거나 피해자가 직접 대한민국 법원에 소송을 제기할 권리를 포기했다고 볼 수 없다고 판단했다. 피해자 개인의 권리를 국가가 마음대로 대신 포기할 수 없음은 이른바 강제동원 피해자 사건에서 우리나라 대법원이 확인한 법리로서, 타당한 결론이다.

마지막으로 필자가 개인적으로 중요한 의미를 부여하고 싶은 것은 판결에서 준거법을 대한민국의 국가배상법으로 했다는 점이다. 보기에 따라서는 불법행위 당시 행위지의 법, 즉 '패망한 월남의 법'을 준거법으로 지정할 수도 있었을 것이다. 그러나 이번 판결은 '대한민국 법원에서, 대한민국의 법을 적용해, 피해 사실을 인정하고 국가배상을 명'했다. 이는 인권적으로 성숙한 법치국가로서 대한민국의 면모를 보여준 것이라고 생각한다.

전쟁에서 범죄를 저지르는 것은 잘못된 일이지만 그보다 더 잘못된 것은 범죄행위 자체를 부정하고 사죄하지 않는 것이다. 이번 판결은 최근 강제동원 피해자 문제 등 일제강점기의 과거사 문제를 대하는 일본 정부의 미성숙한 시각과도 대비된다.

법무부(한동훈 장관)가 항소했다고 한다. 조기에 확정되지 못하게

됐다는 점은 아쉽지만 항소심에서도 대한민국의 성숙한 면모가 재확인되기를 기대한다.[3]

서울중앙지방법원 민사68단독(박진수) 2023.2.7. 선고 2020가단5110659 판결

---

3 이 사건을 비롯한 베트남전 민간인 피해 문제에 관한 자료는 한베평화재단의 홈페이지 (http://www.kovietpeace.org/)를 참조

가명처리는 안전조치로 도입돼야 했다

SKT를 상대로 한 개인정보 가명처리정지권 이행소송 1심 판결

김보라미 변호사(법률사무소 디케)

2023

2020년 2월 4일 일부 개정된 개인정보보호법에는 '가명정보'라는 개념이 도입됐다. 개인정보보호법은 가명처리는 '개인정보의 일부를 삭제하거나 일부 또는 전부를 대체하는 등의 방법으로 추가 정보가 없이는 특정 개인을 알아볼 수 없도록 처리하는 것'(제2조 제1호의2)으로, 가명정보는 '개인정보를 가명 처리함으로써 원래의 상태로 복원하기 위한 추가 정보의 사용·결합 없이는 특정 개인을 알아볼 수 없는 정보'(제2조 제1호 다목)로 정의해 개인정보를 가명 처리하면 가명정보가 되는 것처럼 되어 있다.

또한 가명정보는 '추가 정보'를 보유하고 있는 개인정보 처리자 입장에서는 언제든지 특정 개인을 알아볼 수 있는 정보이기 때문에, 개인정보의 하위 개념으로 정의돼 있다.

우리 법상 '가명처리'의 정의는 EU GDPR[4]의 가명처리(pseudony-misation)(제4조 제5호)[5]와 동일한 정의 규정을 가져와 유사하게 제정했다. 그러나 GDPR에서 가명처리는 개인들의 권리 행사와 기타 개인정보 보호조치를 배제하지 않고 있음을 명문화하기까지 하고 있을 정도로(전문 제28조)[6] 안전조치 일종으로 도입됐을 뿐이라는 점에서 권리 보호조치를 배제하고 있는 우리 법과 큰 차이가 있다.

우리 법상 가명처리는 어떠한가. 우리 법은 통계 작성 및 과학적 연구, 공익적 기록 보존 등을 위한 가명정보 처리 근거로서 EU GDPR 제87조 규정의 맥락을 차용하면서도 완전히 다른 법체계로 구성돼 있다. 우리 법이 외형만 GDPR과 유사해 보일 뿐 실질이 다른 이유는 '가명처리가 안전조치로 고려되지 않았기 때문'이다. 가명처리는 정의 조항에서 잠깐 나올 뿐 더 이상 언급되지 않고, 과거 사회적 논란을 거쳐 사라져 간 '개인정보 비식별조치 가이드라인'

---

4 EU General Data Protection Regulation, 즉 EU 일반개인정보보호법은 2016년 공포된 유럽의회 통합 규정으로서 유럽 시민들의 개인정보 보호를 강화하기 위해 시행되고 있고, 유럽연합 시민의 데이터를 활용하는 경우 준수해야 한다. 개인정보 유출의 심각성이 강조되면서 유럽뿐 아니라 전 세계에 걸쳐 채택되거나 그와 유사한 법제가 도입되고 있다.

5 'pseudonymisation' means the processing of personal data in such a manner that the personal data can no longer be attributed to a specific data subject without the use of additional information, provided that such additional information is kept separately and is subject to technical and organisational measures to ensure that the personal data are not attributed to an identified or identifiable natural person;

6 The application of pseudonymisation to personal data can reduce the risks to the data subjects concerned and help controllers and processors to meet their data-protection obligations. The explicit introduction of 'pseudonymisation' in this Regulation is not intended to preclude any other measures of data protection.

비교	한국의 개인정보보호법	유럽 GDPR
체계	개인정보 처리 근거와 무관하게 맥락 없는 가명정보 특례로 '동의받지 않고 활용할 수 있다'고 구성돼 있음(제3장 제3절 가명정보의 처리에 관한 특례)	양립 가능성(제6조 제4항 본문)을 근거로 해 공익적 기록 보존 목적, 과학적·역사적 연구 목적, 또는 통계 목적을 위한 추가 처리를 양립 가능성 범위 내로 예시함(전문 제50조, 제5조 제1항 b호 후문)
요건	가명정보	가명처리는 안전조치의 하나일 뿐이지, 가명처리됐다고 해서 안전조치가 전부 충족된 것은 아니다.
정보 주체의 권리 배제	별도 조건이나 제한 없이 수집 출처 등 고지 의무(제20조), 개인정보 파기 의무(제21조), 영업 양도 등에 따른 사전 통지 의무(제27조), 개인정보 유출 통지 의무(제34조), 열람권(제35조), 정정·삭제에 관한 권리(제36조), 처리 정지 요구권(제37조), 정보통신 서비스 사업자의 정보통신 서비스 제공자의 개인정보 수집·이용에 관해 이용자로부터 동의 등을 받을 의무(제39조의3), 개인정보 유출 통지 및 신고 의무(제39조의4), 개인정보 파기 의무(제39조의6), 동의 철회에 관한 권리(제39조의7) 등 정보 주체의 권리 행사 배제(법 제28조의7)	– 과학적·역사적 연구 목적, 통계 목적으로 처리되는 경우 일부 정보 주체의 권리(제15조 열람권, 제16조 정정권, 제18조 처리에 대한 제한권, 제21조 반대할 권리)를 배제할 수 있으나, 이 경우에도 해당 권리가 목적의 달성을 불가능하게 하거나 중대하게 손상시키고, 그러한 배제가 목적 달성에 필요한 경우에만 배제를 허용함. – 공익적 기록 보존 목적일 경우에는 (제15조 열람권, 제16조 정정권, 제18조 처리에 대한 제한권, 제19조 고지 의무, 제20조 개인정보 이동권, 제21조 반대할 권리)를 배제할 수 있으나, 이 경우에도 해당 권리가 목적 달성을 불가능하게 하거나 중대하게 손상시키고, 그러한 배제가 목적 달성에 필요한 경우에만 배제를 허용함.

통계 작성, 과학적 연구, 공익적 기록 보존 등을 위한 처리 근거 비교표

(2016년 6월 30일 공표)에서의 '비식별조치'와 유사하게 '가명정보'만이 정보 주체 동의 없는 활용의 적법 근거로 규정돼 있을 뿐이다.

즉 현행 개인정보보호법은 '가명정보'에 대해 개인의 동의 없이 활용할 수 있는 특례를 허용하면서도 보호조치를 배제하고 있다. 수집 출처 등 고지 의무(제20조), 개인정보 파기 의무(제21조), 영업 양도 등에 따른 사전 통지 의무(제27조), 개인정보 유출 통지 의무(제34조), 열람권(제35조), 정정·삭제에 관한 권리(제36조), 처리 정지 요

구권(제37조), 정보통신 서비스 제공자의 개인정보 수집·이용에 관해 이용자로부터 동의 등을 받을 의무(제39조의3), 개인정보 유출 통지 및 신고 의무(제39조의4), 개인정보 파기 의무(제39조의6), 동의 철회에 관한 권리(제39조의7) 등 기본적 권리 행사도 모두 불가능하게 규정(제28조의7)하고 있다.

가명정보는 개인정보라고 강조해 정의해놓고 '제3장 제3절 가명정보의 처리에 관한 특례'를 통해 개인정보가 아닌 것으로 역할하고 있는 것이다.

헌법재판소는 개인정보 자기결정권에 대해 헌법 제10조 1문에서 도출되는 일반적 인격권, 헌법 제17조의 사생활의 비밀과 자유에 근거해 독자적인 기본권으로 인정해왔다(헌법재판소 2005.5.26. 선고 99헌마513 등 결정). 개인정보 자기결정권에는 개인이 개인정보 처리에 대해 동의할 권리, 동의 범위 등을 선택하고 결정할 권리, 열람을 요구할 권리, 개인정보의 처리 정지 및 정정·삭제, 파기를 요구할 권리가 실질적으로 구현돼야 한다. 이런 권리가 구현되지 않는 개인정보 자기결정권은 존재하지 않는 것과 같다.

개인정보 자기결정권은 개인정보를 식별 가능한 상태로 처리해 개인의 사생활이 침해되는 것에 대해 방어할 권리에 그치는 것이 아니라, 개인이 자신의 정보 흐름에 대해 주도권을 갖지 못해 배제돼 겪는 인격권 침해를 막고 적극적으로 참여할 권리이기도 하다. 그러므로 "개인이 행사해야만 하는 헌법상 기본권"을 처리의 목적 달성 여부나 필요성, 최소 침해성 여부 등을 전혀 고려하지 않고 전면 배제해 통제권을 유명무실화한다면 이는 헌법상 과잉금지 원칙 위반으로 해석될 수 있다.

이번 SKT 사건 판결은 개인정보보호법에서 가명정보 특례 조항들이 가진 문제를 본격적으로 짚었을 뿐 아니라 개인정보 자기결정권이라는 기본권의 침해 여부에 대해 헌법적 평가까지 함께 했다는 점에서 의미가 크다. 판결문에는 명시적으로 언급되지 않았으나, 우리 법에서 명확히 규정하지 않은 식별 가능한 개인정보가 가명 정보화되는 처리 과정 및 처리 근거에 대한 문제 제기 역시 같은 맥락에서 검토될 수 있다.

이번 판결에서는 가명정보의 특례를 통해 개인들의 권리 행사가 부당히 제한되고 있다는 점에 대해 개인들의 권리 행사가 왜 필요한가라는 측면(필요성), 개인들의 권리 행사를 전면 배제하는 것의 과잉 침해성(최소 침해성) 등을 언급하며 '부당하다'고 평가하고 있다.

가명정보가 (…) 동일한 정보 주체에 관한 여러 가명정보가 사용·결합되거나 그 밖에 이와 유사한 상황이 발생할 경우에는 정보 주체에 대한 식별이 가능하게 될 위험이 존재하고 (…) 개인정보가 정보 주체의 의사와 무관하게 유출되는 경우에는 정보 주체에게 심각한 피해가 초래될 가능성이 높고 그로 인해 정보 주체에게 발생한 피해는 사후적으로 금전적 보상 또는 배상이 이뤄지는 것만으로 회복될 수 있는 성질의 것이 아닌 이상 정보 주체가 개인정보 처리자에 대해 식별 가능 정보에 대한 가명처리

내지 가명정보에 대한 처리에 관한 결정권을 충분히 자유롭게 행사할 수 있게 할 필요성이 존재한다고 할 것이다.

그런데 개정된 개인정보보호법은 (…) 식별 가능 정보를 가명 처리해 생성된 가명정보에 대해서는 첫째 개인정보 처리자의 정보 주체 이외로부터 수집한 개인정보의 수집 출처 등 고지 의무(제20조), 개인정보 파기 의무(제21조), 영업 양도 등에 따른 사전 통지 의무(제27조), 개인정보 유출 통지 의무(제34조), 둘째 정보통신 서비스 제공자의 개인정보 수집·이용에 관해 이용자로부터 동의 등을 받을 의무(제39조의3), 개인정보 유출 통지 및 신고 의무(제39조의4), 개인정보 파기 의무(제39조의6), 셋째 정보 주체의 열람권(제35조), 정정·삭제에 관한 권리(제36조), 처리 정지 요구권(제37조), 동의 철회에 관한 권리(제39조의7) 등의 적용을 모두 배제함으로써(제28조의7) 정보 주체의 가명정보의 처리에 대한 결정권을 상당히 제한하고 있다.

그렇다면 개정된 개인정보보호법 제28조의7에서 처리 정지 요구권의 적용을 배제하고 있는 '가명정보'에 식별 가능 정보를 가명 처리하는 것까지 포함된다고 해석할 경우 정보 주체가 개인정보 처리자에 대해 가명정보에 대한 개인정보 자기결정권을 행사할 방법이 원칙적으로 봉쇄되는 부당한 결론에 이르게 된다.

_판결문 9~10쪽

해당 판결에서는 가명정보로 처리되기 전에 자신의 식별 정보에 대해 가명처리 정지를 요구할 수 있다는 점에 대해 '개인정보 보호 법령 및 지침·고시 해설' 등의 유권해석을 근거로 판단하고 있는데 더해, 헌법적 평가를 시도하고 있다. 즉 "식별 가능 정보의 가명처리에 대한 정보 주체의 처리 정지 요구권 행사를 원천적으로 제한함으로써 침해되는 정보 주체의 사익이 그로 인해 얻을 수 있는 공익에 비해 결코 작다고 단정할 수 없다"고 판단한 것이다. 이런 판단은 향후 '개인'들의 유사한 권리 행사에서도 다른 공익과의 비교 형량의 중요 기준으로 활용될 근거로서 검토될 수 있을 것이다.

오늘날 저장장치와 빅데이터, 강력한 기계학습 알고리즘 등의 발전으로 인간의 눈에는 식별할 수 없는 것처럼 보이더라도 개인으로부터 파생되거나 추론되는 데이터들이 쉽게 민감한 데이터로 변하는 시대에 살고 있다. 비루해 보이는 토끼굴이 사실은 석·박사들이 포진한 데이터 처리 회사라는 이상한 나라까지 쭉 연결되는 것처럼 말이다.

EU GDPR을 중심으로 세계적으로 개인정보 보호 법제가 디지털 시대에 개인정보 주체에게 좀 더 적극적인 통제권을 부여하고, 개인의 인권을 침해하는 개인정보 처리를 제한하는 방향으로 변화하고 있다. 이에 영향을 받아 미국에서는 캘리포니아주가 관련 법을 두 차례에 걸쳐 개정했으며 연방 개인정보 보호 법안도 발의된 바 있다.

이번 판결에서 문제가 된 개인정보보호법 제3항 제3절 가명정보의 처리에 관한 특례는 개인정보보호법 전체 맥락에 비쳐볼 때 어떤 개인정보 처리 규정과도 연결점이 없이 갑자기 툭 튀어나온 모습이다. '활용'과 '데이터 결합'을 위해 보호법에 특별한 특혜 규정을 열어준 것이다. 지금이라도 법체계 내에서 '가명정보'라는 개념은 폐기하고 가명처리를 안전조치의 일종으로 검토해 개인정보보호법의 본래 목적에 맞게 법 개정이 이뤄져야 한다. 또 근본적으로 헌법상 개인정보 자기결정권을 실질화하는 개인의 권리를 복원해야 한다.

서울중앙지방법원 민사29부(재판장 한정석) 2023.1.19. 선고 2021가합509722 판결

중증 장애인이
왜 노동 무능력자입니까?

폭행으로 사망한 장애인에 대해 일실 수입을 인정하지 않은 판결

조미연 변호사(공익인권법재단 공감)

2023

미신고 장애인 거주 시설에서 중증 장애인이 폭행을 당해 사망했다. 유가족은 시설장과 지방자치단체, 국가를 상대로 손해배상 청구 소송을 제기했다. 1심과 2심 재판부 모두 시설장과 지방자치단체의 책임을 인정했고 이후 지방자치단체가 상고하지 않으면서 지방자치단체에 대한 일부 승소 판결은 확정됐다.

이는 수많은 시설 거주인의 권리에 긍정적 영향을 미칠 판결이며 미신고 시설 및 개인 운영 신고 시설에 대한 지방자치단체의 관리·감독 책임을 인정한 최초의 판례다. 그러나 원고는 대법원에서 더 다투려고 한다. 시설장의 손해배상 책임 범위에 망인의 일실 수입이 전혀 반영되지 않았기 때문이다.

불법행위 때문에 생명과 신체에 침해를 입으면 손해액 중 가장 큰 부분을 차지하는 것은 소극적 손해, 즉 일실 수입이다. 따라서 이번 사건처럼 중증 장애인이 타인의 불법행위로 사망에 이른 경우에도, 망인이 수입이 없고 향후 노동에 종사할 개연성이 낮다는 이유로 일실 수입에 따른 배상 책임을 인정하지 않는 것은 무척 신중해야 한다.

재판부는 망인이 지적장애 1급의 장애인이라는 사실, 어린아이 수준의 말밖에는 하지 못하는 점, 신체장애도 있어 해당 시설에서 항상 엎드려 생활했던 점, 사고 이전에 근로 활동을 했거나 근로소득을 얻은 적이 있었다고 볼 만한 아무런 증거가 없는 점 등을 근거로 망인에게 노동능력과 소득이 있었다고 보기 어렵다고 했다.

그런데 법원은 통상 무직자와 미성년자, 학생 등 일정한 소득이 없는 무소득자의 경우나, 피해자의 사고 당시 수입보다 일반일용노임이 많은 경우에도 특별한 사정이 없는 한 일반일용노임을 기준으로 일실 수입을 산정하고 있다.

이런 법원의 태도를 보면 일실 수입이란 피해자 개인의 노동능력에 대한 엄밀한 측정과 판단에 의해 산정되는 것이 아니라, 소득이 없거나 적은 사람이라고 하더라도 타인의 불법행위로 인해 생명과 신체에 피해를 입은 경우 마땅히 배상해야 하는 최소한의 기준으로 규범적 손해라고 평가할 수 있다.

그렇다면 결과적으로 이번 판결은 중증 장애인인 망인의 노동능력을 신체적·지적 능력을 기준으로 쉽게 부인하고 이에 따라 일실 수입을 부정해 장애를 이유로 차등적 판단을 한 것이다. 이는 장애인의 인간으로서의 존엄과 가치를 규정한 헌법, 장애를 이유로 한 차별을 금지하는 장애인권리협약, 장애인복지법 및 장애인차별금지법 규정의 취지에도 반한다.

특히 적지 않은 판례에서 비장애인의 경우 무소득자라 하더라도 개인의 노동능력에 대한 구체적 평가 없이 일반일용노임을 기준으로 일실 수입을 산정한 점을 고려하면, 해당 망인에 대한 일실 수입 평가는 중증 장애인은 일을 수행하기 어려우리라는 막연한 편견이 전제된 것은 아닌지 의구심을 지울 수 없다.

장애인의 일실 수입을 산정할 때 '장애 때문에 소득 활동이 불가능하다는 것이 명백히 증명되지 않는 한 장애를 이유로 평생 소득 활동이 불가능하다고 단정할 수 없다'고 봐야 하지 않을까? 장애인의 직무 수행은 장애인차별금지법에 근거해 비장애인과 실질적으로 동등한 근로조건에서 이뤄져야 하므로 중증 장애인이라고 해서 노동능력이나 노동에 종사할 개연성을 낮게 평가하면 장애인에 대한 차별 행위가 될 수 있다.

망인은 우리 곁에 돌아올 수 없다. 남은 자들은 그저 망인의 죽음에 대해 최소한의 법적 책임을 묻고 이를 통해 이런 사건이 반복되지 않는 데 일조할 수 있지 않을까 자조할 뿐이다. 그러니 배상 책임이 인정됐다면, 그 책임 범위에 장애를 이유로 쉽게 지워버린 중증 장애인의 노동능력은 지나갈 수 있는 사안인가? '장애인의 날'을 기회로 장애인을 힘들게 하는 건 장애가 아니라 장애인을 차별하는 사회라는 걸 다시 한 번 돌아본다.

서울중앙지방법원 민사16부(재판장 임기환) 2022.1.27. 선고 2021가합512414 판결
서울고등법원 민사5부(재판장 설범식) 2023.1.19. 선고 2022나2007547 판결

2022

현 재 의 판 결 , 판 결 의 현 재

미군 기지촌 '위안부' 여성들의 국가 대상 손해배상 청구소송

성소수자의 체육대회 대관을 취소한 구청과 공단에 대한 손해배상 판결

일감 몰아주기의 부당성에 대해 별도 입증을 요구한 판결

'항문성교' 처벌하는 군형법상 추행죄를 축소 적용한 대법원 판결

국회의원의 장애인 비하 발언에 대한 차별구제 청구소송

편의 시설(경사로) 설치 예외 규정에 대한 차별구제

발달장애인 투표보조 제외에 대한 차별구제 임시조치

통진당 재판 개입, 인사모 와해, 헌법재판소 내부 정보 수집 등 2심 판결

위: 발달장애인을 포함한 모든 장애인이 자신의 의사에 기해 투표할 수 있게. **사진** 연합뉴스

아래: 작은 편의점에도 휠체어 경사로를 설치해야. **사진** MBC 뉴스 캡처

미군 기지촌 '위안부' 소송과 판결의 의미

미군 기지촌 '위안부' 여성들의 국가 대상 손해배상 청구소송

이나영 교수(중앙대 사회학과)

2022년 9월 29일 대한민국 대법원은 여성인권사에 길이 남을 역사적 판결을 내렸다. 미군 기지촌 '위안부' 제도에 대한 한국 정부의 책임을 최종 인정하고 원고 측인 피해자들의 손을 들어준 것이다. 당사자가 소송을 제기한 지 8년여 만이자 '기지촌여성인권연대'가 결성된 지 10년 만의 쾌거다.

판결 당일 관련 단체들과 소송 당사자들은 대법원 앞에서 기자회견을 개최하고 "미군 위안부에 대한 국가의 책임, 즉 국가에 의한 폭력과 인권 침해 사실을 대한민국 사법부가 공식적이고 최종적으로 인정한 역사적인 날로 기록될 것"임을 선언했다. 또 "1심과 2심에 이어 국가가 기지촌을 조성하고 관리·운영을 해 성매매를 조장하고 권유했을 뿐 아니라 강제적 성병 관리의 위법행위를 자행했음을 확정한 대법원 판결을 환영"한다고 밝혔다.

미군 기지촌 '위안부' 여성들의 국가 대상 손해배상 청구소송　　　47

재판은 2014년 6월 25일, 미군 기지촌 '위안부' 원고 122명과 '기지촌여성인권연대'(햇살사회복지회, 두레방 등 현장 여성인권 단체들과 필자를 포함한 연구자들의 연대), 새움터, 국가배상소송 공동변호인단이 제기한 국가 대상 손해배상 청구소송으로 시작됐다. 원고들은 1957년부터 2008년까지 대한민국 내 각 지역에 소재한 기지촌에서 '위안부'로 미군 상대 성매매에 이용됐던 여성들을 일컬으며, 피고는 기지촌을 조성하고 관리해 성매매를 조장함으로써 원고들의 인권을 침해한 것에 대해 배상할 책임이 있는 국가, 대한민국을 지칭한다.

　　당시 원고인단은, 국가가 첫째 불법적인 기지촌 조성과 운영·관리, 둘째 불법행위 단속 면제와 불법행위 방치, 셋째 조직적·폭력적 성병 관리, 넷째 '애국 교육' 등을 통한 성매매 정당화·조장 등의 행위를 했으며, 이런 행위가 '국가의 보호 의무 위반' 또는 '성매매의 중간 매개 및 방조'에 해당해 위법하다고 주장하고, 일인당 1000만 원 배상을 청구하는 취지의 소장을 서울중앙지방법원에 제출했다.

　　1심 판결은 2년 6개월이 지난 2017년 1월 20일 내려졌다. 서울중앙지방법원 민사22부는 첫째와 둘째, 넷째 주장을 배척하고, 세 번째 주장 중 1977년 8월 19일 이전 강제 격리 수용을 통한 성병 치료행위는 위법행위로 인정해 이에 해당하는 일부 원고들(총 54명)에게 각 500만 원씩 위자료를 지급하라고 명하는 한편, 1977년 8월 19일 이후의 강제 격리 수용 행위는 적법하다고 보아 이 부분 청구를 기각했다. 강제 격리 수용과 이에 따른 정신적 피해에 대해서만 배상 책임을 인정해 국가의 책임을 크게 제한한 것이다.

원고와 피고 모두 각각 패소 부분에 대해 항소하면서 2심이 진행됐고 1년여가 지난 2018년 2월 8일 판결이 내려졌다. 서울고등법원 민사22부는 "국가의 기지촌 운영·관리 과정에서 기지촌 위안부였던 원고들을 상대로 성매매 정당화·조장 행위와 위법한 강제 격리 수용 행위가 있었다고 인정"하고 원고들 전원[7]에게 위자료를 지급하라고 명했다.

그러나 원고와 피고 양측 모두 상고하면서 최종 판단은 대법원으로 넘겨졌다. 당시 원고 측은 2심 판결의 의미를 인정하면서도 "공무원들의 불법행위 단속 면제 및 불법행위 방치에 대해서는 원고들의 진술만으로 공무원들이 위법행위를 했다고 인정하기 어렵다며 기각했고, '국가의 보호 의무 위반 주장' 또한 원고들이 국가에 적극적으로 보호 요청을 하지 않았다며 인정하지 않았다"고 비판했다. 특히 일부 원고들이 "국가의 강제 성병 치료와 위법한 격리 수용에 대해 원고들의 피해가 동일한데도 시기에 따라 피해의 경중을 구분하는 것을 인정할 수 없다"며 2심 재판부의 일부 패소 판결에 불복해 상고한 것이다. 그리고 다시 4년 6개월이 지난 2022년 9월 29일 대법원이 2심 판결을 최종 확정했다.

상고의 이유처럼 몇 가지 지점에서 한계와 아쉬움이 있지만 대법원 판결은 여러 면에서 의미가 크다. 첫째, 기지촌 성매매 운영과 관리, 정당화 과정에 국가가 개입하고 그로 인해 여성의 인권이 침해

---

7 그 사이 다섯 분이 돌아가셔서 2심 당시에는 117명만 생존해 계셨다.

됐다는 사실을 최초로 공식 인정했다. 즉 국가가 적극적으로 기지촌 성매매를 조장하고 정당화했으며, 이를 위해 '애국 교육'이라는 명분으로 여성들을 직접 교육했으며, 별다른 법률적 근거가 없는데도 불구하고 강제 성병 검진과 격리 수용 등 조직적·폭력적 방식으로 위법한 행위를 저질렀다는 것이다. 이로 인해 원고들이 인격권과 인간의 존엄성을 침해당함으로써 정신적 피해를 입었다고 명시했다.

둘째, 국가의 위법성과 관련해 다수의 공식 문서들이[8] 증거로 제출되었지만, 공적 기록이 많이 남아 있지 않은 상태에서 원고들은 피해 경험을 구술 자료로 제출하거나 법정에서 진술하기도 했는데, 재판부가 이를 신뢰할 만한 증거로 인정했다는 점이다. 오랫동안 침묵을 강요받은 피해자들의 목소리가 공적 장에서 들리게 되고 이 과정에서 당사자는 물론 한국 사회가 한 뼘이나마 성장하게 된 것이 소송 전 과정에서 가장 의미가 깊다고 할 것이다.

셋째, 보편적이고 국제적인 인권 가치의 확인과 국가 책임을 분명히 했다는 점이다. 법정은 '인신매매 금지 및 타인의 매춘행위에 의한 착취금지에 관한 협약'이 규정한 체약 당사국의 의무를 재확인하고, 이를 위반한 국가의 불법행위에 대해 소멸시효 항변을 배척해[9] 시민의 인권을 보호할 국가의 책임을 확인했던 것이다. 무엇보

---

8 가령 '미군 접객업에 종사하는 여러분들에게'라는 제목의 공문, 1973년 3월 춘천시에서 작성된 '한미친선 협의회 조례 공포'라는 제목의 공문 등.

9 법정은 "중대한 인권침해사건·조작의혹사건에서 공무원의 위법한 직무집행으로 입은 손해에 해당한다"고 판시해 원고의 중대한 인권 침해 사실을 인정하고 피고의 소멸시효 항변을 배척했다.

다 '자발/강제'라는 이분법을 넘어 성매매가 인간의 존엄성을 침해하는 구조이고 그로 인해 여성들이 피해를 입는다는 사실을 인정했으며, 그런 중대한 인권 침해적 범죄행위에는 공소시효가 없다고 판단했다는 점은 일본군 '위안부' 문제에도 큰 함의를 지닌다.

이번 판결은 사실 1986년 두레방, 2002년 햇살사회복지회(초기에는 햇살센터) 등에서 시작된 현장 단체들의 피해자 지원 활동의 역사와 '기지촌여성인권연대'(2012년 발족)의 꾸준한 법적 대응 활동, 무엇보다 피해 생존자들의 용기가 결합된 결과다. 1980년대 민주화운동과 함께 성장한 한국 진보 여성운동의 동력과 1990년대부터 본격화된 일본군 '위안부' 문제 해결 운동이 한국 사회 전반에 끼친 시민 의식 제고와 성평등에 대한 인권 감수성 증진도 그 배경에 있다. 덕분에 상당수 시민들은 '개인의 선택' 혹은 '협소한 의미의 강제적 인신매매'라는 프레임의 허구를 깨닫고 구조적 성차별과 여성인권의 관점에서 성매매를 바라볼 수 있는 눈이 생겼다.

커다랗고 무거운 문 하나를 힘겹게 열어젖힌 지금, 우리에게 남겨진 과제가 결코 가볍지 않다. 소송이 진행되는 동안 현장 단체들의 꾸준한 노력으로 2020년 4월 29일 경기도의회에서 '경기도 기지촌여성 지원 등에 관한 조례'가 통과됐고, 6월 22일 파주시의회에서도 유사한 조례가 통과된 바 있다. 그러나 상위법과 대법원 판결이 부재하고 피해자 기준이 모호하며 수급이 중복된다는 이유로 실질적인 피해자 지원이 이뤄지지 않고 있다.

대한민국 사법부가 국가 책임을 인정했으니 이제 입법부와 행정부가 나서 진상 규명과 법적 배상을 위한 법·제도를 시급히 마련해야 할 것이다. 미군 기지촌 성매매가 단순히 과거의 문제가 아니며, 주체와 내용의 차이는 있을지언정 일본군 성노예제와 한 뿌리에서 배태되었음도 이미 확인된바, 문제 해결을 위한 입법을 미룰 이유가 없다. 이를 통해 피해의 직접적 고통과 남겨진 트라우마, 사회적 낙인과 배제 속에 인격권을 침해당한 수많은 미군 기지촌 '위안부' 피해자들을 돌아보고 그들의 명예와 존엄을 회복해야 할 것이다. 무엇보다 이를 계기로 여성에 대한 폭력과 차별이 구조적 문제라는 인식이 대한민국의 보편적 상식이 되기를 진심으로 바란다. 마지막으로 최종 판결이 지체되는 사이 유명을 달리하신 스물네 분의 명복을 빈다.

대법원 2부(주심 이동원) 2022.9.29. 선고 2018다224408 판결

'천장 공사'로 무너진 평등권, 장식화된 기본권

성소수자의 체육대회 대관을 취소한 구청과 공단에 대한 손해배상 판결

오동석 교수(아주대 법학전문대학원)

2022년 8월 19일 대법원 3부는 서울 동대문구와 동대문구 시설 관리공단이 성소수자 인권 단체의 체육관 대관을 취소한 것이 '성적 지향 등을 이유로 한 차별 행위'에 해당하므로 손해배상을 해야 한다는 판결을 확정했다.

이 소송은 인권 단체 '퀴어여성네트워크' 소속 '언니네트워크'와 활동가 4명이 제기한 것이다. 퀴어여성네트워크는 '퀴어여성 생활 체육대회'(2017년 10월 21일)를 열기 위해 동대문구에 체육관 대관을 신청했다. 그러나 성소수자들에게 대관을 해줬다는 민원이 제기되자 동대문구 시설관리공단은 행사가 한 달도 채 안 남은 시점인 9월 26일 '체육관 천장 공사'를 이유로 대관 취소를 통보했다.

체육대회를 개최하지 못한 해당 단체는 2017년 9월 28일 국가 인권위원회에 성적 지향을 이유로 시설 이용에서 차별을 받았다는 취지의 진정을 했다. 2019년 4월 10일 국가인권위원회는 구청장과 공단 이사장에게 시설 대관과 관련해 성적 지향을 이유로 차별 사례가 발생하지 않도록 재발 방지 대책을 마련하고 성소수자에 대한 인식 개선을 위한 특별 인권 교육을 할 것을 권고했다(국가인권위 2019.4.10. 17진정0935400).

언니네트워크와 활동가들은 2020년 1월 "대관 취소는 체육대회의 목적 및 예상 참가자들의 성적 지향 등을 이유로 한 것으로, 성적 지향 등을 이유로 한 차별에 해당해 위법하다. 대관 허가 취소로 인해 활동가들의 평등권 및 집회의 자유가 침해됐다"며 손해배상 청구소송을 냈다.

1심인 서울서부지방법원은 2021년 8월 12일 체육관 대관 취소가 위법하다면서도 이로 인한 손해가 발생했다고 볼 수 없다며 원고 패소로 판결했다. 먼저 재판부는 원고인 단체와 활동가 중 행사 주최자는 단체이므로 단체에 초점을 맞춰 판단했다. 활동가들은 단체 구성원의 일부일 뿐이고 대관 허가나 취소의 상대방이 아니라는 이유에서다. 둘째, 민법상 불법행위로 인한 배상 책임을 원용해 재산 손해는 물론 재산 외 손해, 그리고 불법행위와 그 외 행위로 생긴 손해에 대한 배상 책임을 인정한다. 그런데 해당 단체에 손해가 발생한 사실을 단정하기 어렵고 그것을 인정할 증거가 없으며 단체의 명예를 훼손한 것을 인정할 수 없다는 것이다.

그렇지만 2심인 서울서부지방법원 민사2-1부는 2022년 5월 13일 원고의 주장을 대부분 받아들였다. 재판부는 판단 기준의 규범으로서 대한민국헌법 제11조 제1항에 따른 평등권과 차별 금지, 국가인권위원회법 제2조 3호에 명시된 성적 지향을 이유로 한 차별 금지를 원용했다. 기본권의 수범자인 국가와 지방자치단체, 기타 공법인이 공공시설의 이용에서 합리적 이유 없이 성적 지향 등을 이유로 특정인을 배제하는 행위는 평등 원칙에 반해 위법하다는 것이다.

2심 재판부의 판단 근거는 다음과 같다.

첫째, 피고 공단은 원고 단체에 체육관 대관을 허가한 직후 항의 민원을 받고 대관 취소를 검토했다. 둘째, 공단은 '대관을 안 해주려고 하고 있다'는 내용으로 국가인권위원회에 상담한 결과 대관을 취소한다면 차별에 해당한다는 답변을 들었는데도(2017년 9월 25일) 취소를 추진했다. 셋째, 공단은 단체와의 전화 통화에서 구청의 부정적 의견을 들었다면서 다른 장소 섭외를 권유하며 '안전 관리상 현저한 위해가 발생할 우려가 있다고 판단하면 (취소)할 수 있다'고 말했다(9월 25일). 넷째, 바로 이튿날 전날의 전화 통화에서는 전혀 언급하지 않았던 공사를 내세워 대관 허가를 취소하겠다고 통보했다(9월 26일). 다섯째, 2017년 7월에 공사 시행을 계획하고도 대관 허가를 취소할 때까지 하지 않은 것을 보면 급박한 사정이 없었다. 여섯째, 단체가 공사 일정을 조정하거나 다른 날 대관해달라고 요청했는데도(9월 28일) 공단은 거부했다. 반면 같은 날 대관을 신청했던 다른 단체에 대해서는 다른 일정으로 조정했다.

2심 재판부는 평등권이라는 기본권의 침해는 사법상 보호하는 인격적 법익 침해의 형태로 구체화될 수 있다고 보았다. 그리고 성적 지향 등을 이유로 한 차별 행위는 체육대회의 개최자와 준비자,

예상 참가자들에 대한 차별이기도 하므로 원고 단체와 활동가들 모두 평등권이 침해되는 손해를 입었다고 봄이 타당하다고 했다. 대관 허가가 취소되면서 체육대회를 개최하지 못해 단체 활동의 기회가 침해됐고, 참가 신청을 한 후원자들에게 신청비 및 후원금을 돌려주는 시간과 노력이 들어가고 행사 취소로 사회적 신뢰가 저하됐으며, 행사에 참여하지 못한 활동가들은 집회의 자유가 침해됐다는 것이다. 이에 따른 손해배상액은 단체에 500만 원, 활동가 일인당 각 100만 원 등 총 900만 원이다.

먼저 2심 재판부의 논리와 비교할 때 1심 재판부의 논리는 인권적·헌법적 관점에서 매우 위험하다. 헌법이 보장하는 기본적 인권에 대한 침해 문제인데도 이번 사안을 금전적 손해 발생 여부로만 판단했다. 기본권 인권에 대한 침해는 손해배상, 침해자 징계, 인권교육 이수, 조직 문화 개선 등 다양한 책임을 물을 수 있어야 한다. 민사법적 책임의 경우라도 기본적 인권에 대한 침해 자체가 손해임을 포함해 모든 손해를 대상으로 해 금전적 배상을 산정해야 한다. 법원이 판결에서 인권 감수성을 말하는데 정작 판사들은 인권과 헌법에 대해 어느 정도 직무교육을 받고 있는지 의심스럽다.

헌법 제10조는 개인이 가지는 불가침의 기본적 인권을 확인하고 이를 보장할 의무를 국가에 부과하고 있다. 지방자치단체나 기타 공법인도 당연히 이런 의무를 져야 한다. 해당 지방자치단체와 공단은 기본적 인권에 대한 침해임을 충분히 인식하고도 대관 허가 취소의 '알리바이'를 만드는 '공작'까지 했다. 해당 지방자치단체는 '인권보장 및 증진에 관한 조례', '장애인 차별금지 및 인권보장 조례', '노동인권 보호 및 증진을 위한 조례', '아동친화도시 조성에 관한 조례' 등을 제정한 상황이다. 이번 사건은 한국 사회에서 기본적 인권이 명목화 또는 장식화하고 있음을 반증한다.

특히 법원은 인권 보장의 최후의 보루라는 자격을 유지하려면 그 어떤 국가기관보다도 이런 의무의 엄중함을 판결로써 드러내야 한다. 법관은 헌법 제103조에 따라 헌법과 법률 그리고 그 양심에 따라 독립해 심판해야 한다. 1심 재판부는 두말할 것도 없지만 2심 재판부도 그 논리에서 헌법의 기본적 인권 규범보다 민법을 중심으로 판단한 면이 강하다. 법관이 헌법, 특히 기본적 인권을 최우선의 심판 기준으로 삼지 않는다면, 또 그것을 확보할 법제를 마련하지 않는다면 법관의 신분 보장은 반$_反$헌법적인 신분상 특권으로 전락한다. 대법원은 이번 사건을 계기로 판사들에 대한 인권 및 헌법 교육을 정기적으로 해야 한다.

국가가 헌법 제10조의 의무를 외면하면 헌법이 보장하는 모든 인권은 그 조문에 화석으로 남게 된다. 헌법이 보장하는 기본적 인권을 법적으로 확인하고 보장할 일차적 책임은 국회에 있다. 국회는 '차별금지법'을 조속히 제정해 공공 기관이 인권을 침해하는 일이 일어나지 않게 방비해야 한다. 역사적으로 법원과 헌법재판소, 국가인권위원회 등 이중 삼중으로 기본적 인권을 보장하는 법제를 마련한 것은 인권 보장의 사각지대를 줄여가기 위해서다.

필요하다면 또 다른 인권 보장 법제를 추가해 보완해야 한다. 헌법재판소를 신뢰해서라기보다는 법원의 재판에 대한 인권적 판단

이 한 번 더 필요하다는 의미에서 국회는 헌법재판소법을 개정해
재판에 대한 헌법소원 심판 제도를 도입해야 한다. 그리고 '인권기
본법'을 제정해 국가와 지방정부 차원에서 인권을 보장하는 시스템
을 갖추고 인권 침해를 구제하고 다양한 책임을 물을 수 있는 제도
를 마련해야 할 것이다.

서울서부지방법원 민사5단독(공성봉) 2021.8.12. 선고 2020가단203834 판결
서울서부지방법원 민사2-1부(재판장 박성규) 2022.5.13. 선고 2021나47810 판결
대법원 3부(주심 김재형) 2022.8.19. 선고 2022다241875 판결

부당한 일감 몰아주기 vs.
부당하지 않은 일감 몰아주기?

일감 몰아주기의 부당성에 대해 별도 입증을 요구한 판결

2022

노종화 변호사(경제개혁연대)

'일감 몰아주기'는 대기업 집단의 총수 일가가 계열사 내부 거래를 활용해, 정당하지 않은 방식으로 손쉽게 '더 많은' 이익을 얻는 것을 일컫는다. 총수 일가는 일반적으로 핵심 계열사에 대해서만 지배주주 지위를 갖고, 계열사 간 지분 소유를 통해 그룹 전반에 대한 지배권을 행사한다. 이런 소유 지배 구조에서 총수 일가가 '더 많은' 이익을 얻는 손쉬운 방법은 상대적으로 많은 지분을 보유한 회사가 다른 계열사로부터 '일감 몰아주기'를 받아 이익을 창출하는 것이다.

예컨대 총수 일가가 100퍼센트 지분을 소유한 회사 A와 직·간접적으로 10퍼센트 소유한 회사 B가 거래할 때, 의도적으로 A에 유리한 거래를 해 자신들이 정상 거래에 비해 '더 많은' 이익을 얻는 것이다. 실질적으로 B와 B의 주주에게 돌아가야 할 이익을 이전받는 셈이 된다. B가 회사의 최대 이익을 위해 독립적으로 합리적 의사 결정을 한다면 이런 거래는 일어나기가 어렵다. 그러나 총수 일가는 그룹 전반에 대한 지배권을 행사하기 때문에 이런 거래가 가능하다. 영어로는 'Tunneling'이라고 하는데 터널을 뚫어 지배주주에게 편법적으로 부를 이전한다는 뜻이다.

공정거래법은 예전부터 계열회사 등에 대한 부당 지원 행위를 금지하고 있었다. 그러나 원칙적으로 자유로운 경쟁과 공정한 거래를 보호하기 위한 법률이므로, 총수 일가에게 '더 많은 이익'을 주려는 거래라고 해서 무조건 불공정하다고 볼 수 없다는 것이 법원의 판단이었다. 법률적으로 표현하자면 '부당성'이 별도로 입증돼야 했다. 공정거래법상 일감 몰아주기 규정은 이런 한계를 입법적으로 해결하기 위해 신설됐다. 즉 시장에서 경쟁 제한이나 경제력 집중이 발생하지 않더라도, 터널링 자체를 규제해야 한다는 것이다.

한진 사건은 법이 개정되고 공정거래위원회(공정위)가 일감 몰아주기 규제를 시도한 첫 사례다. 조승연, 조원태, 조 에밀리 리(조현민)가 33.3퍼센트씩 소유하고 있던 '싸이버스카이'는 대한항공 고객을 대상으로 하는 통신판매 사업, 대한항공에 게재되는 광고의 판매 업무 대행 사업을 영위했다. '유니컨버스'도 총수 일가가 100퍼센트 소유하던 회사로, 대한항공 콜센터를 비롯해 한진그룹의 여객·여행 관련 회사의 콜센터를 운영했다.

공정위는 대한항공이 싸이버스카이, 유니컨버스와의 각종 거래를 통해 터널링을 시도했다고 보고 시정 조치 및 과징금 처분을 내렸다. 구체적으로 대한항공이 광고 수입 중 일부를 포기하고 싸이버스카이에 귀속시킨 행위, 싸이버스카이의 통신판매 수수료 일부를 면제해준 행위, 싸이버스카이의 판촉물 가격을 지나치게 크게 인상해준 행위, 유니컨버스에 불필요한 콜센터 사용료 및 유지 보수료를 지급한 행위가 문제 됐다.

첫 사건이었던 만큼 사실관계에 대한 판단 못지않게 법리적 해석도 주목을 받았다. 특히 일감 몰아주기에서도 '부당성'이 별도 요건으로 입증돼야 하는지가 쟁점이 됐다. 문제의 발단은 법조문이 '부당한 이익'이라는 표현을 쓰고 있기 때문이었다. 조문에 '부당한'이 명시돼 있으므로 '부당성'을 공정위가 별도로 입증해야 한다는 것이다.

대법원도 이 같은 주장에 손을 들어주었다. 다만 일감 몰아주기의 부당성은 불공정 거래와 달리 "변칙적인 부의 이전 등을 통해 대기업 집단의 특수 관계인을 중심으로 경제력 집중이 유지·심화될 우려가 있는지에 따라 판단"해야 한다고 설시했다. 이후 법원은 일감 몰아주기 사건에서 공정위의 입증 책임과 이런 법리를 일관되게 제시하고 있다.

이번 판결이 타당하다고 보는 입장은 한진 사건과 같이 일감 몰아주기 규모가 작은 경우 총수 일가에 대한 경제력 집중이 발생했다고 보기 어렵다고 주장한다. 더 나아가 이런 경우까지 공정거래법이 규제하기엔 과도하므로 '부당성' 요건이 필요하다는 것이다.

그러나 공정거래법은 '정상적인 거래에서 적용되거나 적용될 것으로 판단되는 조건보다 상당히 유리한 조건으로 거래', '회사가 직접 또는 자신이 지배하고 있는 회사를 통해 수행할 경우 회사에 상당한 이익이 될 사업 기회를 제공', '특수 관계인과 현금, 그 밖의 금융 상품을 상당히 유리한 조건으로 거래', '사업 능력, 재무 상태, 신용도, 기술력, 품질, 가격 또는 거래 조건 등에 대한 합리적인 고려나 다른 사업자와의 비교 없이 상당한 규모로 거래' 등 행위를 일감 몰아주기, 터널링으로 규정한다. 이런 행위는 규모와 상관없이, 그 자체로 총수 일가에 대한 경제력 집중을 유지·심화할 우려가 존재하는 부당한 행위다. 따라서 일감 몰아주기 규정에서 '부당한 이익'이라는 표현은 동어반복이나 강조의 의미일 뿐 별도 요건으로 보는 것은 타당하지 않다.

공정위는 한진 판결에서 제시된 법리를 일감 몰아주기 지침의 부당성 판단 기준에 반영했다. 일감 몰아주기 규제가 완전히 퇴색됐다고 볼 수는 없지만, 규제의 실효성이 떨어졌다고 볼 수밖에 없다. 행정소송은 국가가 권한을 남용해 국민의 권리를 침해하지 않도록 견제한다. 행정소송이 활성화되고 법리가 발전할수록 삼권분립은 완성되고, 국민의 권리는 보호되며, 국가권력은 실효성 있는 법률의 통제를 받게 된다. 그러나 현실에서 사법적 구제를 누구보다 잘 활용해 보호받는 것은 대기업 집단과 소수의 지배주주인 듯하다. 이들은 막대한 쟁송 비용을 쓰며 공정거래법 등 규제 법령의 법리 발전에 기여하고 있다. 행정부에 대한 사법적 통제가 행정소송이 갖는 본연의 기능인 만큼 법리가 정교해질수록 규제 영역은 좁아질 가능성이 높다.

그러나 일감 몰아주기 규제를 적용받는 것은 대기업 집단과 그 총수 일가뿐이고 이들은 경제력 집중으로 날이 갈수록 국가권력 못지않은 영향력을 행사하고 있다. 이처럼 일반 국민의 권리와 거리가 먼 규제 법령에 대해서는 법원이 입법 취지에 부합하는 규제 실효성에 좀 더 무게중심을 두어야 한다.

대법원 2부(주심 조재연) 2022.5.12. 선고 2017두63993 판결

군사주의를 넘어 차별 없는 사회로

'항문성교' 처벌하는 군형법상 추행죄를
축소 적용한 대법원 판결

한상희 교수(건국대 법학전문대학원)

매우 후진적인 국가 통치 술수 중에 국가주의라는 것이 있다. 모든 가치 판단의 중심에 국가를 두고 개인의 자유와 권리, 공동체의 일상의 문제 등은 종속하거나 그를 해치지 않는 범위 안에서만 인정하는 허위의식을 말한다. '멸사봉공'이니 '조국과 민족의 무궁한 영광'이니 혹은 손끝을 모자 끝자락에 맞추며 '충성'이라고 외치는 동작의 메시지 등이 이에 해당한다. 그리고 국가를 다시 특정한 인간이나 조직과 일치시키는 것은 국가주의의 가장 타락한 형태가 된다. 이승만 전 대통령을 국부로 모시거나 박정희를 반신반인의 국가 상징으로 통용시키는 것은 모두가 익히 아는 사례이고, 국가의 안보는 곧 군의 안보이며 군의 안보는 일방통행적인 군기로만 보장된다는 대한민국 국군의 '고집통'적인 군사주의는 또 다른 예가 된다.

그래서 정권이 보기에 좋지 않은 서적을 블랙리스트에 올리거나,

군인의 비행은 군인만이 심판하고 처벌할 수 있다고 억지를 쓰거나, 군사 행정은 세상 어떤 일이 있어도 공개돼서는 안 된다는 아집에 빠진 주장은 '군대는 곧 국가'라는, 그 앞에서는 모든 것이 '익스큐즈' 돼야 한다는 불가역적인 군사주의에 토대한다.

2022년 4월 대법원 전원합의체 판결은 동성애에 대한 군 간부들의 아집광적인 편견을 걷어내는 것인 동시에 국가주의-군사주의의 패악에 자그마한, 그러나 의미 있는 균열을 낸 사건이었다. 군형법 제92조의6은 군인에 대해 '항문성교나 그 밖의 추행'을 한 군인을 2년 이하의 징역에 처하도록 하고 있는데, 대법원은 11대 2의 판결로 그 적용 범위를 대폭 축소했다. 해당 조항은 기본적으로 군인이 동성끼리 성행위를 하는 것을 처벌하기 위한 조항인데, 종래에는 그것이 합의에 의한 것이든 아니든, 부대 안이든 바깥이든 관계없이 처벌 대상으로 삼았다. 대법원도 2008년과 2012년 두 차례에 걸쳐 이런 입장을 견지했다.

그런데 대법원은 종전 입장을 바꿔, 두 사람 간에 합의가 있고 부대 바깥에서 이뤄진 관계라면 처벌해서는 안 된다고 본 것이다.

군형법 제92조의6은 미국의 전쟁법(Law of War)을 그대로 베낀 것이다. 미국은 1916년 전쟁법에 동성 성교를 하려고 폭력을 행사한 죄(제125조)를 두었다가 1920년 합의에 의한 동성 성교도 처벌하는 것으로 확장했다. 이어 1951년 그 법을 군사형사사법법(The Uniform Code of Military Justice)으로 개편하며 동성은 물론 이성 간 혹은 동물에 대해 '부자연스런 성적 교접 행위(unnatural carnal copulation)'를 한 경우를 처벌하는 것으로 했다(이 제도는 1993년 클린턴 정부에서 DADT[Don't Ask, Don't Tell] 정책에 따라 폐지됐다가 2011년 오바마 정부에서 그조차도 폐지되어 현재 미군 내에서는 합의에 의한 동성애를 금지하는 제도는 없어졌다).

이 규정은 해방 직후 미군정에 의해 우리나라에 이식됐다. 이어 제정된 군형법에서는 '계간'이라는 모멸적인 단어로 바뀌었고, 민주화의 성과를 자랑하던 2013년에는 '항문성교'라는 말로 포장해 지금까지 시행돼왔다.

이 처벌 조항은 '군 공동생활의 건전성과 군기'를 위한 것이라 스스로 변명하지만 애당초 명백한 차별이자 사생활 자체를 부정하는 반인권적 규정이다. 부대라는 한정된 공간에서 장시간 같이 생활하는 군의 기율을 위한 것이라면 그것은 이성 간의 성행위를 포함한 모든 성행위를 규제해야 한다. 또 영내에서의 성행위만 처벌하는 것으로 충분하고, 군기와 무관한 영외에서의 성행위, 그것도 사적 공간에서 이뤄지는 성행위는 군이 처벌할 이유도 없다. 합의에 의한 성행위와 그렇지 않은 성행위의 구분도 필요하다. 아울러 군 기강의 문제라고 한다면 형벌이 아니라 징계벌로도 충분하다.

그럼에도 이 규정은 오로지 동성 간 성행위에 대해서만 처벌할 뿐 아니라, 그것이 합의에 의한 것이든 아니든, 군부대 안이든 밖이든, 근무시간 중이든 아니든, 공연성이 있든 없든 묻지도 따지지도 않고 처벌한다. 민주공화국의 군대가 이불 속까지 들여다보며 성행위의 방법까지 규제하려고 하는 이유는 무엇일까? 그 답은 간단하다. 그 대상이 동성애자이기 때문이다. 군기니 뭐니 이유를 내세우지만 저 미국의 옛 사례처럼 동성애 자체가 싫기 때문이다. 그래서 동성애자를 차별하며, 그들이 자신의 삶을 스스로 결정할 성적 자기 결정권 자체도 부정하려고 하는 것이다.

이번 대법원 판결은 이런 질곡을 깨뜨리는 첫 걸음이다. 겉으로는 중립적(?)인 '항문성교'라는 단어를 사용했으나 명백히 동성애 군인을 무차별적으로 처벌하는 수단이 돼왔던 해당 조항의 의미를 대폭 축소한 것만으로도 높이 살 만하다. 동성애자에 대해 무차별적으로 적용됐던 조항을 입법된 지 75년 만에 '영외+합의'에 의한 성행위만큼은 면책이 되게끔 해 그나마 숨통이라도 터놓았다. 물론 이번 판결이 형법 규정의 사전적 의미(동성애에 대한 무차별적 처벌)를 넘어선 판단이라는 비판도 없지 않다. 그러나 그나마 대법원이라도 나서 우리 사회에 드리운 억압의 한 부분을 덜어냈다는 점은 결코 과소평가돼서는 안 된다.

사실 이런 차별적 처벌 규정이 횡행하게 된 궁극적 책임은 입법자인 국회에 있다. 동시에 헌법재판소도 공범의 책임을 면할 수 없다. 헌법재판소는 이미 2002년, 2011년, 2016년 세 차례에 걸쳐 해당 계간 조항 혹은 항문성교 조항을 합헌이라고 판단해 헌법에 충실히 국민의 기본권을 보호해야 할 책무를 저버렸기 때문이다. 헌법재판소는 군대라는 공간이 "동성 사이의 비정상적인 성적 교섭 행위가 발생할 가능성"이 높다고 전제하면서 동성 군인 사이의 성행위는 "객관적으로 일반인에게 혐오감을 일으키고 선량한 성적 도덕 관념에 반하는" 것이라고 보았다. 그러고는 2016년에 형사 기소되어 2017년에 위헌 제청된 사건에 대한 후속 결정을 5년 넘게 미루며 일종의 직무유기 상태에 빠져 있다.

헌법재판소의 합헌 판단에는 엄청난 실증적 오류가 존재한다. 군대라는 폐쇄 공간에서 동성 간 성적 교섭 행위가 발생할 가능성이 많다고 하지만, 실제 이번 경우는 군대 안이 아니라 군대 바깥의 은밀한 사적 공간에서 발생한 성행위를 처벌하려고 한 사건이다. 심지어 성소수자에 적대적인 군 간부가 함정 수사 등의 방법을 동원해 의도적이고 계획적인 '색출' 작전을 통해 억지로 찾아낸 사건이다. 요컨대 이번 사건 피고인들의 성적 교섭 행위는 군이 조자룡 헌 칼 쓰듯 휘두르는 군 기강과는 전혀 무관한데도, 아무도 알지 못했던 매우 사적인 일상에 불과했던 것을 굳이 조사하고 다그치고 윽박지르고 쥐어짜서 세상에 드러낸 사건이다.

사적 행위이기에 "일반인에게 혐오감"을 줄 이유도 위험도 없고 합의에 의한 교섭 행위이기에 "선량한 성적 도덕관념"이라는 자기기만적인 순결주의가 타당할 가능성도 없다. 아울러 민주 사회에서 일반인에게 혐오감을 준다는 이유로 그 행위자를 징역형에 처하는 경우가 어디 있으며(성적 혐오감을 준다는 이유로 공연음란죄를 처벌하지만 이는 사람을 성적 쾌락의 도구로 삼아 인간의 존엄성 자체를 침훼하기 때문이라는 것이 헌법재판소의 판단이다), 종교경찰이 전횡하는 이슬람 신정주의 국가를 제외하고는 이불 밑 속사정을 형사 범죄의 대상으로 삼는 곳이 세상 어디에 있나.

그런데도 군사주의-국가주의의 허위의식은 헌법재판관의 판단을 흩트려놓는다. 천하의 헌법재판소도 군대 앞에서는 마냥 약해진

다. 그 앞에서는 헌법도, 정의도, 인권도 다 팽개쳐버린다. 모든 사람
이 다 읽어도 되는 책이 군부대에 들어서기만 하면 불온서적이 되
고 반입 금지 대상이 돼버리는 마술 같은 현실이 헌법재판소에서는
아무렇지도 않게 합헌 판단을 받는다. 국민적 합의도 없이, 심지어
국회의 의결도 없이 정부가 미군 기지를 서해안 지역으로 이전해
국가 안보의 개념을 남북 대립의 축에서 동(한국·미국)과 서(중국) 대
립의 축으로 변경하게끔 한 것도 헌법재판소는 애써 판단하지 않기
로 작정한다. 전 지구촌 사회가 동의하는 양심적 병역 거부의 권리
도 헌법재판소는 몇 번을 부정하다 마지못해 애매모호한 조건을 달
아 인정한다. 군인의 국가배상 청구권을 제한한 헌법 규정의 의미를
축소 해석할 필요성이 있다는 말조차 제대로 하지 못하는 곳이 헌
법재판소다. 그리고 그 밑바닥에 군이라는 존재가 자리한다.

　모든 것을 군사화하고 병영화하며 국가라는 이름으로 폭력적 지
배를 일삼던 군사정권의 흑역사를 겪고도 헌법재판소는 군이라는
망령을 떨쳐버리지 못했다. 민주화의 경로를 거쳐 이제는 '포스트
87년 체제'까지 거론되는 이 시점에조차 헌법재판소는 군-안보-국
가로 이어지는 권위주의적 지배 이데올로기를 벗어나지 못하고 있
다. 노동은 여전히 공안 사건으로 남아 있어야 하고, 재분배 정책을
통한 사회적 정의보다는 생산성과 경쟁력의 자본 담론이 우선하며,
생존권에 앞서 재산권이 보장돼야 하는 우리 헌법재판소의 지체된
인식은 그 속에서 구성된다.

　'항문성교나 그 밖의 추행'이라는 황당한 규정을 합헌이라 결정
한 논리 구조 역시 마찬가지다. 군대는 국가 안보를 책임지는 조직

이며 따라서 군의 판단은 언제나 합헌일 수밖에 없다는 판단 중지의 우매함이 그 결정의 밑바탕을 이룬다. 군의 기강을 흩트리는 것이 동성애가 아니라 성폭력이며, 성적 도덕관념의 핵심에 대등한 두 사람의 사랑이 자리해야 함은 헌법재판관의 뇌리에는 새겨지지 못한다. 그저 그들의 군사주의적 시각에서는 군 수뇌부의 의사가 곧 군 기강이고, 그에 어떠한 도전도 없는 상태가 국가 안보이며, 그렇게 구성되는 국가 안보는 인권이든, 일상이든, 시민사회의 공공 영역이든 가릴 것 없이 압도해버리는 최고의 국가 가치로 자리매김해야 하는 것이다. 그래서 그것은 스스로 인권과 평화의 헌법 이야기들을 만들지 못하고 오로지 국가 혹은 지배 권력으로부터 부과되는 지배 가치에만 추종하는 헌법재판소의 시대착오적인 논리 구조가 빚어내는 필연적 결과에 다름 아니게 된다.

차별은 그 본질상 권력이 폭력으로 변형되는 방식이다. 한 사회에 힘의 불균형이 존재할 때 그 일그러진 힘을 가진 자들이 다른 사람을 자의적으로 분류하고 구분하며 더 나아가 배제하고 억압하는 행위가 바로 차별이다. '항문성교나 그 밖의 추행'를 비롯한 군형법상의 숱한 인권 침해적 조항들도 마찬가지다. 군사 조직 안에 자의적인 차별 행위들이 여전히 횡행하고 있음은, 군사 계급에 따른 위계를 초과하는 또 다른 폭력의 서열이 그곳에 자리함을 드러낸다. 군기, 군사기밀, 안보, 안정 등 같은 추상적 관념들을 국가의 목적으로 설정하고 인권이나 사람의 문제는 그 수단의 자리에 치부해버림으로써, 군부나 군수산업체, 혹은 보수라는 이름으로 그 배경에 자리하는 숱한 정치권력자들이 사회적 지배력을 확보할 구조를 마련하고 있는 것이다. 헌법재판소의 저 이상한 합헌 결정이나 턱없는 재판 지연의 모습은 이런 구조에 합법성이라는 외피를 동원해 군사주의의 절대성을 재강화한다.

실제 어떻게 보아도 '항문성교나 그 밖의 추행' 조항은 위헌이다. 그것은 남성 군인 간의 성행위뿐 아니라 '그 밖의 추행'이라는 추가 요건을 통해 여성 군인 간의 성행위도 처벌하려고 한다. 이성 군인 사이에서도 이런 성행위를 하지 않느냐는 지적은 아무런 의미가 없다. 그것은 애초부터 관심 대상이 아니기 때문이다. 오로지 해당 처벌 규정은 동성애자들을 향한 것이고, 사이버수사팀을 동원하고 각종 함정 수사, 유도심문, 불법적 강압 수사 등을 통해 이들을 '색출' 해내기 위한 법률적 근거에 불과하다. 엄밀한 군기 자체를 위한 것이 아니라, 일부 권력층들의 사회적, 종교적 편견에 토대한 가상의 군기를 확보하기 위한 수단에 지나지 않는다. 군기라는 이름의 폭력이 행사되는 경로일 따름인 것이다. 그리고 이 과정에서 그들은 군대 내에서 권력을 구축할 뿐 아니라 사회에서 지배적 정치권력 혹은 자본권력과 유착할 틀을 전유하게 된다. 그들의 군대는 국민의 군대가 아니며 그들의 군기는 우리 사회의 가치(인권과 평화)를 따르지 않는다. 오로지 그들의 것이라는 사실만으로 정당화되고 타당하며 또 실효적으로 집행될 수 있는 것이다.

그럼에도 헌법재판소는 이렇게 만들어진 그들만의 리그를 감싸고 든다. 물론 이번 대법원 판결이 이런 질곡을 털어버릴 수 있다면 더 바랄 것이 없으나 실제 그것만으로는 역부족이다. 그 판결이 있다고 해서 '항문성교나 그 밖의 추행' 조항이 사라지지 않으며, 그 조항이 존재하는 한 대법원의 구성이 바뀌게 되는 순간 군사 권력이 만든 종교경찰이 언제 어떤 모습으로 우리 군인들의 이불 속을 들여다보기 위해 압수수색 영장을 신청할지 모른다.

중요한 것은 해당 처벌 조항 이면에 깔려 있는 군사주의와 국가주의의 압력을 털어내는 일이다. 이번 대법원 판결에 환호하는 우리의 목소리가 이제 헌법재판소와 국회를 향해야 하는 이유는 바로 여기에 있다. 차별 없는 세상을 향한 시대의 외침에 눈 감은 채 오로지 이불 속 항문성교에만 집착하는 저 군상들의 군사주의적 성도착증을 하루빨리 고쳐내야 할 것이다.

대법원 전원합의체(주심 김재형) 2022.4.21. 선고 2019도3047 판결

장애인 비하 발언도
국회의원 면책특권인가

국회의원의 장애인 비하 발언에 대한 차별구제 청구소송

김재왕 변호사(서울대 법학전문대학원 공익법률센터)

2022

"한쪽 눈을 감고, 우리 편만 바라보고, 내 편만 챙기는 외눈박이 대통령이 되어서는 안 됩니다."_**곽상도**

"경제부총리가 금융 부분을 확실하게 알지 못하면 정책 수단이 절름발이가 될 수밖에 없다."_**이광재**

"국민을 우습게 아는 것이 아니라면 집단적 조현병이 아닌지 의심될 정도"_**허은아**

"문재인 대통령의 갈팡질팡 대일 인식, 그러니 정신분열적이라는 비판까지 받는 것 아닌가?"_**조태용**

"다른 것도 아니고 외교 문제에서, 우리 정부를 정신분열적이라고 진단할 수밖에 없는 국민의 참담함이란"_**윤희숙**

"3000원짜리 캔맥주, 만 원짜리 티셔츠에는 '친일'의 낙인 찍던 사람들이, 정작 10억 원이 넘는 '야스쿠니 신사뷰' 아파트를 보유

한 박영선 후보에게는 꿀 먹은 벙어리가 된다." **_김은혜**

정치인의 장애 비하 발언은 어제오늘의 일이 아니었다. 이번 사건 이전에도 더불어민주당 이해찬 대표가 "선천적 장애인은 의지가 약하다"고 발언해 거센 비판을 받았다. 국가인권위원회는 2019년 11월 25일 "국회의장에게, 국회의원들이 장애인 비하 및 차별 표현을 사용하지 않도록 국회의원들에게 주의를 촉구하고 재발 방지 대책을 마련하는 것이 필요하다는 의견을 표명한다"라고 결정했고, 2021년 5월 17일에는 "국민의힘 대표에게 조현병 당사자와 가족의 인격권을 침해하는 발언이 재발하지 않도록 당내 국회의원을 대상으로 인권 교육을 실시하고 재발 방지 대책을 마련해 시행할 것을 권고한다"라고 결정했다.

그런데도 국회의원들은 상대 진영의 정치인들을 비방할 목적으로 장애인을 낮잡아 부르는 표현이나 장애인을 부정적으로 묘사하는 발언을 쏟아냈다. 이에 지난 2021년 4월 20일 장애인차별철폐의 날을 맞아 지체장애, 시청각장애, 정신장애 당사자들은 국회의원들의 지속적인 장애인 비하 발언에 대해 국회의원 곽상도, 이광재, 허은아, 조태용, 윤희숙, 김은혜 및 박병석 국회의장을 피고로 차별구제 청구소송을 제기했다.

장애인이 바란 것은 진정한 사과였다. 판례는 집단에 대한 모욕죄를 인정하지 않아왔다. 대법원은 "모욕죄는 특정한 사람 또는 인격을 보유하는 단체에 대해 사회적 평가를 저하시킬 만한 경멸적

감정을 표현함으로써 성립하는 것이므로 그 피해자는 특정돼야 한다. 그리고 이른바 집단 표시에 의한 모욕은, 모욕의 내용이 그 집단에 속한 특정인에 대한 것이라고는 해석되기 힘들고, 집단 표시에 의한 비난이 개별 구성원에 이르러서는 비난의 정도가 희석되어 구성원 개개인의 사회적 평가에 영향을 미칠 정도에 이르지 않는 경우에는 구성원 개개인에 대한 모욕이 성립되지 않는다고 봄이 원칙이고, 그 비난의 정도가 희석되지 않아 구성원 개개인의 사회적 평가를 저하시킬 만한 것으로 평가될 경우에는 예외적으로 구성원 개개인에 대한 모욕이 성립할 수 있다"는 태도를 견지해왔다(대법원 2014.3.27. 선고 2011도15631 판결).

판례에 따르면 이번 사건에서 장애인들이 손해배상을 받기는 어려웠다. 이런 상황에서 소를 제기한 장애인들은 최소한 피고 국회의원들이 사과와 재발 방지 약속이라도 하리라 기대했을 것이다.

그러나 피고 국회의원들은 사과 대신 법적 항변을 했다. 그들은 자신들이 한 장애 비하 표현에 장애인을 비방할 의도나 목적이 없었다고 변명했다. 그러면서 그 표현이 장애인에 대한 차별 표현이 아니고 시중에서 일반적으로 통용되는 용어이며, 우리 사회에서 관용구처럼 통용돼 정치권과 언론에서도 상당한 빈도로 사용됐다고 주장했다. 어떤 국회의원은 비하 발언을 하게 된 일련의 과정이 국회의원의 직무 과정에서 벌어진 일로 국회의원의 면책특권의 범위 내에 있으므로 민사상 책임이 면제된다는 주장도 했다.

차별 시정을 촉구하는 목소리는 소송법 논리에 가로막혔다. 이번 사건에서 원고들은 박병석 국회의장에게 장애 비하 발언을 한 국회의원들에 대해 징계권을 행사하고 국회의원윤리실천규범(국회규칙 제200호)에 장애인을 모욕하는 발언을 금지하는 규정을 만들라고 청구했다. 그러나 법원은 원고들이 문제 삼는 국회의원들의 행위는 그 피고들과 원고들 사이의 구체적 권리나 법률관계에 관한 분쟁을 넘어 원고들과 피고 박병석 사이의 분쟁이라고 할 수는 없다며 이번 사건 소를 각하했다. 차별 행위자가 아니라 제삼자에게 소송으로 차별 시정을 요구할 수 없다는 것이다.

이번 판결은 공적 문제를 다룰 수 없는 법원의 한계를 보여주었다. 정치인의 장애 비하 발언은 공론장에서 토론을 통해 해결됨이 바람직한 공적 영역의 문제다. 반면 민사소송은 당사자 사이의 분쟁을 해결하는 수단이다. 이번 사건에서 피고들은 국회의장과 국회의원들로 헌법에서 규정한 국가기관이라고 할 수 있지만, 민사소송에서는 평범한 개인과 마찬가지로 취급된다. 이번 소송에서 원고들은 피해를 입은 국민으로서 '국가기관'의 공적 책임을 묻고 싶었지만 법원은 철저히 개인과 개인 사이의 분쟁으로 사건을 판단했다. 공적 영역의 문제를 사적 분쟁 해결의 잣대로 판단하는 것 자체가 적절하지 않은 일이다.

그런데도 사건을 법정으로 가져온 원고들의 절박함을 돌아보지 않을 수 없다. 오죽하면 그랬겠나. 그 절박함 앞에서 법원은 기존 잣대로 판단만 하면 충분한가. 이번 판결은 사법부의 한계를 여실히 보여준다.

고정관념과 편견을 조장하는 말과 행동은 행위자의 의도와 무관하게 말과 행동을 경험하는 사람들이 가진 혐오와 부정적인 편견을 강화하는 효과가 있다. 정치인은 장애인에 대한 사회적 편견을 반영한 언어 습관에서 누구보다도 먼저 벗어나, 인권 존중의 가치를 세우고 실천하는 데 앞장서 모범을 보여야 할 사회적 지위에 있는 사람들이다. 또 정치인의 사회적 지위로 인해 그 발언은 일반 국민들의 발언과 비교해 더욱 빠르고 넓게 전파될 가능성이 높고 개인과 사회에도 상당한 영향을 미칠 수 있다. 이번 사건을 계기로 공론장에서 정치인의 장애 비하 발언이 비판받고 그 결과 그런 발언이 사라지기를 기대한다.

서울남부지방법원 민사13부(재판장 홍기찬) 2022.4.15. 선고 2021가합105102 판결

1층 있는 삶을 위한 법원의 함께 걸음

편의 시설(경사로) 설치 예외 규정에 대한 차별구제

조미연 변호사(공익인권법재단 공감)

'1층이 있는 삶'이란 휠체어를 이용하는 장애인이 모든 장소를 1층처럼 접근할 수 있게 하려는 활동에서 비롯된 말이다. 즉 1층에 대한 접근성을 넘어 본질적으로 제품과 시설, 서비스 등을 설계할 때 이용자가 성별과 나이, 장애, 언어 등에 구애되지 않고 불편 없이 이용하게 하는, 모두를 위한 디자인, '유니버설 디자인'과 일맥상통하는 의미라고 할 수 있다.

우리나라는 1997년 장애인등편의법을 제정해 장애인 등이 공중 이용 시설을 동등하게 이용하고 접근할 권리를 규정했다. 다만 시행령을 통해 경사로 같은 편의 시설을 설치할 의무의 대상을 소매점·음식점·약국 등은 300제곱미터 이상, 미용실·목욕탕 등은 500제곱미터 이상인 경우로 기준을 정한 것이 독소가 됐다. 서울에 있는 슈퍼마켓의 98퍼센트, 일반음식점의 96퍼센트, 제과점 같은 기타음식점의 99퍼센트가 이런 바닥 면적 기준으로 인해 편의 시설 설치 의무를 면제받았기 때문이다.

장애인은 일정한 바닥 면적 기준 이하 시설물에 대한 편의 시설 설치 의무 면제 규정으로 인해 소매점 등에 대한 접근권을 사실상 박탈당했다. 이에 일부 장애인 단체가 시설주의 개별적 재정 능력이나 편의 시설의 내용 및 종류에 따른 비용 부담 정도 등을 고려하지 않은 채 장애인을 차별하는 해당 시행령 규정이 위법·무효임을 전제로 GS25, 투썸플레이스, 호텔신라, 국가를 상대로 장애인차별구제 청구소송을 제기했다.

소송이 제기된 뒤 투썸플레이스와 호텔신라는 자체 개선을 약속했다. 남은 피고들에 대한 재판이 진행됐고, 법원은 2022년 2월 10일 "300제곱미터 미만인 공중 이용 시설을 편의 시설 의무 대상에서 제외한 것은 장애인 등이 모든 생활 영역에 접근할 권리를 보장하도록 한 법률의 위임 범위를 일탈하고 행복추구권과 일반적 행동자유권을 침해하며 평등 원칙에 반해 무효"라고 판단했다.

법원은 GS25에 1년 유예 기간을 주고 직영점은 경사로가 설치된 출입구, 출입이 가능한 출입문을 설치하고, 이런 편의 시설 설치가 불가능하거나 현저히 곤란한 경우 대체 서비스를 제공하게 했다. 가맹점에 대해서는 직영점과 같은 '편의 시설 설치를 위한 영업 표준'을 마련해 이에 따라 편의점 점포 환경을 개선할 것을 권고하고 설치 비용 일부를 지원하라고 판결했다.

국가의 책임은 아쉽게도 인정되지 않았다. 그러나 법원은 "대한민국의 손해배상 책임이 성립하지 않는 것이 곧 장애인 보호를 위한 국가적 책무를 다했다는 의미는 아니"라고 밝히며 "장애는 개인적인 것이라기보다는 사회적인 것이며, 장애인들에게 모든 생활 영역에 대한 접근권이 보장될 때 자기결정권이 비로소 실현되고 사회 참여를 위한 물리적 장벽이 제거될 수 있다. 장애인이 비장애인과 동등한 생활수준을 누리려면 장애인에 대한 정당한 편의 제공이라는 적극적 의무가 사회 구성원들로부터 폭넓게 수용돼야 하고 비장애인들의 장애 감수성이 제고될 필요"가 있으므로 이를 위해 국가가 충분한 예산을 확보하고 제도 개선을 적극적으로 모색해야 한다고 판시했다.

2008년 장애인차별금지법이 시행되고 2009년 유엔 장애인권리협약이 국내에서 발효된 이래 법원의 문을 두드린 30건 남짓한 장애인 차별 사건들은 인용되더라도 구제조치의 내용이 추상적이어서 실제 당사자 권리 구제에 한계가 분명한 경우가 있었다. 최근 대법원은 장애인 시외 이동권 사건에서 차별이 존재하고 시정이 필요함을 인정하면서도 원고와 연관된 노선에 한정해 실제 실현 가능한 범위를 중심으로 다시 판단하라는 취지의 판결을 선고하기도 했다.
반면에 이번 사건 판결은 바닥 면적을 기준으로 편의 시설 설치 의무를 나누고 있는 장애인등편의법 시행령이 위법·위헌적임을 명확히 확인했으며, 차별 행위를 차별로 보지 않도록 하는 정당한 사유에 대해서도 신중히 판단했다. 더 나아가 법원의 적극적 시정 명령을 이행할 기간을 정해 구체적 내용을 담았는데 GS25의 직영점 뿐 아니라 가맹점까지 편의 시설 설치를 확대하게 했기에 실효성이 클 것으로 기대된다. 향후 장애인 차별 구제와 관련해 좋은 선례가 될 것이다.

이번 사건의 원고들은 승소했지만 항소했다. 피고들이 항소하지 않았기 때문에 승소한 부분은 확정됐고, 항소심에서는 바닥 면적을 기준으로 편의 시설 설치 의무를 규정한 장애인등편의법 시행령에 대한 국가 책임이 다퉈질 것이다. 사회적 약자와 소수자의 권리를 보장하고 불합리한 제도 개선을 이끌어내는 공익 소송의 대표적 예가 바로 장애인차별금지법에 근거한 차별구제 청구소송이 아닐까? 그런 의미에서 이번 판결은 아쉬운 점도 있지만 1층 있는 삶을 위한 법원의 함께 걸음이라 평가하고 싶다.

서울중앙지방법원 민사30부(재판장 한성수) 2022.2.21. 선고 2018가합524424 판결

너무 쉬운 권리 박탈,
너무 어려운 권리 행사

발달장애인 투표보조 제외에 대한 차별구제 임시조치

류다솔 변호사(민주사회를 위한 변호사모임)

2022년 3월 치러진 제20대 대통령 선거는 여러 면에서 중요한 의미가 있었다. 그 가운데 '잃어버린 참정권'을 되찾아 투표소를 찾은 이들이 있다. 법원의 결정으로 투표보조 편의를 '다시' 제공받게 된 발달장애인들이다. 서울중앙지방법원은 2022년 2월 10일 대한민국에 대해 제20대 대통령 선거에서 발달장애인에 대한 투표보조를 인정하라는 취지의 결정을 내렸다. 지난 2020년 4월 제21대 국회의원 선거를 앞두고 중앙선거관리위원회(중앙선관위)가 돌연 투표관리 매뉴얼에서 발달장애인 투표보조에 관한 내용을 삭제한 뒤 제기된 장애인차별금지법상 구제 조치인 임시조치 신청에 따른 결과였다.

이번 사건의 당사자인 발달장애인 A씨는 중앙선관위가 지침을 변경하기 전까지 10년 이상 보호자의 투표보조를 받아 별다른 문제 없이 지방선거와 국회의원 선거, 대통령 선거 등에서 투표권을 행사해왔다. 그러나 중앙선관위의 투표관리 매뉴얼에서 발달장애인 투표보조에 관한 내용이 삭제된 뒤 투표소의 투표 사무원, 지방선관위와 중앙선관위의 공무원들은 모두 A씨가 걸어서 기표소로 갈 수 있어 신체적 장애가 인정되지 않는다는 이유로 투표보조 요청을 거절했다. 10분이면 충분했던 투표 시간이 2시간 이상으로 늘어났고, A씨와 보호자인 A씨 어머니는 고압적인 투표 사무원과 주변 사람들의 따가운 눈초리를 받으며 가슴 찢기는 고통과 굴욕감을 느껴야 했다.

헌법 제24조에 따르면 모든 국민은 법률이 정하는 바에 의해 선거권을 가진다. 장애인차별금지법 제27조 제2항은 장애인의 참정권을 보장하기 위해 '보조원 배치'를 포함한 정당한 편의를 제공할 국가의 의무를 규정하고 있으며, 공직선거법 제157조 제6항은 '시각 또는 신체의 장애로 인해 자신이 기표할 수 없는 선거인은 그 가족 또는 본인이 지명한 2인을 동반해 투표를 보조하게 할 수 있다'고 정하고 있다.

더 나아가 우리나라가 가입·비준한 유엔 장애인권리협약 제29조는 장애인이 투표할 때 그의 요청에 따라 그가 선택한 사람에 의해 도움을 받도록 인정할 것을 규정하고 있다. 즉 선거권을 가진 발달장애인이 비장애인 유권자와 동등하게 선거권을 행사하도록 지적·자폐성 장애 특성을 고려해 투표보조를 받을 수 있게 지원하는 것이 법에 따른 국가의 당연한 의무이자 장애인 유권자의 권리인 것이다.

중앙선관위가 펴낸 2016년 제20대 국회의원 선거 투표관리 매뉴얼에는 투표를 보조받을 수 있는 신체장애의 대상에 '지적·자폐성 장애'가 포함됐고, 지적·자폐성 장애인인 발달장애인은 아무런 문제 없이 투표보조를 받을 수 있었다. 그러나 중앙선관위는 지적·자폐성 장애인 중 스스로 투표가 가능한 사람에 대해 자기결정권 침해 등을 방지한다는 이유를 들어 2020년 제21대 국회의원 선거부터 투표관리 매뉴얼에서 '지적·자폐성 장애 포함'이라는 문구를 삭제했다.

그러나 '어떤 발달장애인이 스스로 투표가 가능한지'에 대한 판단 기준은 전혀 없었다. 지적·자폐성 장애는 직접적으로 눈에 보이지 않을 수 있다. 지적·자폐성 장애로 인해 단계별로 어떤 절차를 밟아야 하는지와 전체적 상황을 이해하기 어려울 수 있으며, 일상생활과 달리 투표소 같은 낯선 환경에서는 그런 판단이 더욱 힘들어져 충분한 신뢰관계가 형성된 사람이 함께 있지 않으면 의사표시를 포함한 사회활동에 어려움을 겪는 경우도 많다. 중앙선관위가 지적·자폐성 장애를 투표보조 대상에서 일방적으로 삭제한 것은 이와 같은 발달장애인의 특성이 전혀 반영되지 않은 조치였다.

중앙선관위가 발달장애인에 대한 투표보조를 삭제한 데 대해 국가인권위원회는 2021년 3월 장애인차별금지법 제27조 제1항과 제2항, 장애인복지법 제26조와 장애인권리협약 제29조, 공직선거법 제6조 제1항 등을 근거로 발달장애인의 참정권 보장을 위해 정당한 편의 제공 방안을 마련하고 모든 선거 사무원에게 관련 교육을 실시할 것을 권고했다. 그러나 이에 대해 중앙선관위는 아무런 대책이나 입장을 내지 않았고, A씨와 장애 유관 단체들은 제20대 대통령 선거를 100일 앞두고 이번 임시조치를 신청하기에 이르렀다.

법원은 분쟁 해결을 위해 양 당사자의 의견을 조율해 조정에 갈음하는 결정으로 발달장애인에 대한 투표보조를 인정했다. 이에 따라 발달장애인 유권자들이 다시 투표권을 행사할 수 있게 된 점은 큰 의의가 있다. 다만 법원이 정부 측에서 제안한 투표관리 매뉴얼 문구 수정안에서 장애를 의료적 관점에서 바라보는 '증상'이라는 표현과 '과도한 간섭을 제지할 수 있다'는 등의 애매한 표현에 대해 결정 이후 당사자끼리 신의성실에 따라 협의하게 한 점은 한계로 남았다.

안타깝게도 이번 결정이 나온 뒤에 치러진 제20대 대통령 선거 투표 현장에서도 발달장애인 유권자들이 투표보조를 제대로 받지 못하는 사례가 속출했다. 이에 '장애인 참정권 보장을 위한 대응팀'에서는 2022년 4월 13일 중앙선관위를 규탄하며 그해 6월에 있을 제8회 전국동시지방선거 전까지 재발 방지 대책을 마련할 것을 촉구하는 기자회견을 개최했다. 다가오는 6월 지방선거에서는 발달장애인 유권자들의 투표할 권리가 반드시 보장되게 중앙선관위와 정부 관계자들은 모든 노력을 기울여야 할 것이다.

국내 발달장애인 유권자는 20만 명에 달한다. 제20대 대통령 선거의 득표율 1위 후보와 2위 후보 간의 차이는 0.73퍼센트포인트로 24만여 표 차이로 당선자가 결정됐음을 고려할 때 발달장애인 유권자의 투표는 우리 사회를 바꾸는 캐스팅보트가 될 수 있다. 발달장애인을 포함한 모든 장애인이 선거 관련 정보를 비장애인과 동등하게 제공받고 자신의 의사에 기해 투표할 수 있게 정당한 편의가 제공되어야 우리 사회의 민주주의가 더욱 성숙해질 것이다.

선거 기간 동안 큰길과 굽은 골목, 각 가정의 우편함에는 선거 관련 각종 현수막과 홍보물이 넘실댄다. 이 떠들썩한 민주주의의 '꽃'에서 그 누구도 배제되지 않는 세상이야말로 문명사회가 아닐까.

서울중앙지방법원 민사50부(재판장 송경근) 2022.2.10. 선고 2021카합21948 결정

사법 농단을 엄단하기에는
너무 작은 형사재판

통진당 재판 개입, 인사모 와해,
헌법재판소 내부 정보 수집 등 2심 판결

유승익 연구교수(한동대)

이번 사건은 '사법 농단'에 연루된 법관 14명 중 유죄가 선고된 최초의 케이스에 대한 항소심이다. 최근 사법 농단 행위자들은 7개 각 재판에서 줄줄이 무죄를 받고 있다. 그중 2건은 대법원에서 무죄가 확정됐다. 이번 판결은 그나마 유죄가 선고된 사건의 2심이다.

1심에서 유죄가 선고된 이민걸 전 법원행정처 기획조정실장과 이규진 전 대법원 양형위원회 상임위원은 항소심에서도 일부 유죄 판단을 받았다. 하지만 형량은 낮아졌다. 이규진 전 위원에게 징역 1년 6개월에 집행유예 3년, 이민걸 전 실장에게 징역 10개월에 2년 집행유예를 선고한 1심과 달리 각각 징역 1년에 집행유예 2년으로, 벌금 1500만 원으로 형이 낮아졌다. 그 외 방창현 전 전주지방법원 부장판사와 심상철 전 서울고등법원장의 무죄는 항소심에서도 각각 유지됐다.

이들의 주요 혐의는 8가지에 이른다. 이민걸 전 실장은 법원행정처의 정책에 비판적이던 판사 모임('인사모[인권과 사법제도 소모임]')을 와해하려 한 혐의와 특정 사건의 결론에 대한 재판부의 심증을 파악한 혐의, 이규진 전 위원은 헌법재판소 결정에 따라 해산된 통진당(통합진보당) 지방의회 의원들의 행정소송에 개입한 혐의와 파견 법관을 이용해 헌법재판소 내부 정보를 수집한 혐의다.

항소심은 '재판 외적' 영향력 행사 부분에 대해 일부 유죄를 유지했다. 이민걸과 이규진 등이 양승태 전 대법원장과 공모해 인사모를 와해하기 위해 중복 가입 해소 조치를 실행한 행위는 "법관들의 학술적 결사의 자유를 침해"했다는 것이다.

특기할 만한 것은 임종헌 전 법원행정처 차장의 공모 사실도 함께 인정했다는 점이다. "중복 가입 해소 조치의 실질적 목적은 인사모에 대한 제재였다고 봄이 타당하고, 이런 목적은 본래 법령에서 법원행정처 차장에게 그 직권을 부여한 목적을 벗어난 것"으로 직권남용에 해당한다는 것이다. 현재 진행되고 있는 임종헌 전 차장의 재판에서 주요 변론 사항 중 하나라는 점에서 귀추가 주목된다. 또 이규진 전 위원이 파견 판사를 이용해 헌법재판소의 내부 정보를 수집한 행위에 대해서도 유죄를 인정했다.

1심과는 다른 2심 판단

그러나 항소심에서 공을 들여 무죄로 뒤집은 쟁점은 역시 재판 개입에 대한 직권남용죄 적용 부분이다. 통진당 비례대표 의원들의 행정소송 재판부에 개입한 혐의나 재판부의 한정위헌 취지의 위헌 제청 결정을 취소하고 단순위헌 취지로 재결정하게 한 혐의 등은 인정하지 않았다.

주지하다시피 직권남용죄는 공무원이 자신의 직무상 권한을 남용해, 상대방으로 하여금 의무 없는 일을 하게 하거나 그 권리 행사를 방해하는 경우 성립한다. 직무상 권한에 해당해야 하고 그 권한이 남용돼야 한다.

문제는 남용될 권한이 없으면 남용도 없다는 형식논리다. 재판에 개입한 혐의를 받고 있는 법관들은 역설적이게도 재판 독립의 신성 불가침을 주장한다. 헌법과 법령 어디에도 진행 중인 재판에 개입할 권한은 존재하지 않는다는 것이다. 재판에 개입한 위헌적 행위는 있었지만 그런 법적·제도적 권한은 없다. 그러므로 남용도 없다. 이번 판결 이외에 다른 재판부의 무죄 판결에서도 이런 논리는 비슷하게 적용됐다.

하지만 이번 사건의 1심은 조금 다른 접근을 시도했다. 재판의 독립과 마찬가지로 국민이 신속히 재판받을 권리도 중요하다. 이에 기초할 때 대법원장과 법원행정처는 특정 사건 재판 사무의 핵심 영역에 대한 지적 사무를 수행할 권한을 갖는다. 직업적으로 단련되지 못한 판사, 나태한 판사의 명백한 잘못에 대해서는 '지적指摘'할 권한이 존재한다는 것이다. 이를 넘어 결정을 취소하고 다른 결정을 하라고 '권고'하는 경우 '직권의 월권적 남용'이 된다. 후자의 경우 직권남용에 해당한다고 본 것이다.

이번 항소심은 이를 비판하고 다른 재판부의 형식논리로 돌아갔다. 헌법 규정, 법원조직법, 적시처리중요사건예규, 장기미제사건관리예규, 법관인사규칙, 심급제 등 제도를 고려해볼 때 대법원장과 법원행정처의 지적 권한은 어디에도 존재하지 않고, 법관이 재판권에 영향을 미칠 수 있는 권한은 애초에 존재하지 않는다는 것이다.

　권한 범위 내의 행위로서 그 행위의 동기나 목적이 위법·부당한 경우(직권의 재량적 남용)에만 직권남용이 인정될 수 있다는 형식논리도 반복됐다. 권한 범위 밖의 행위인데 그 내용이 일반적 직무 권한과 '관련성'을 갖는 '직권의 월권적 남용'은 '지위를 이용한 불법행위'에 포함될 뿐 직권남용에 해당하지 않는다는 것이다. '직권 없이 남용 없다' '권한 없이 침해도 없다'는 논리다. '법률 없이 범죄 없다'는 죄형법정주의를 교묘히 비튼 이런 논리 아닌 논리는 제 식구에게만큼은 법률 해석 기계로 돌변하는 일종의 편향이다. 법률 해석의 보편적 방법론에도 부합하지 않는다는 지적은 재론의 여지가 없다.

　항소심의 논리는 대법원장과 그를 보위하는 법원행정처의 무소불위 권력을 강화할 뿐이다. 사법행정권은 재판과 다른 작용이지만 조직적·인적으로 연동돼 있다. 재판하는 판사가 승진 코스를 밟아 법원행정처에 들어가면 이제 대법원장의 지시에 따라 사법행정권을 수행한다. 항소심의 논리를 따르면, 사법행정권자에 대한 재판에서 명시적·묵시적 지시와 명령은 다른 법률이 제정되기 전까지는 직권남용을 구성하지 않는다.

　이를 요약하면 다음과 같다. 첫째, 사법행정권은 재판이 아니라 행정에 속한다. 둘째, 사법행정권자(사법 농단 행위자)의 재판 개입은 사법행정권을 남용하는 위헌적 행위다. 셋째, 그러나 형법상 직권남용은 아니다. 왜냐하면 남용된 사법행정권은 재판권의 남용이 아니기 때문이다.

위헌적 행위를 드러내는 방식으로 무죄를 정당화하는 기묘한 상황이기도 하다. 이로 미뤄볼 때 법원행정처는 사법 농단의 주역들이 주장하는 것처럼 사법의 독립성을 보호하기 위한 "틀"이 아니라, 별다른 거리낌 없이 재판 개입의 위헌적 신호를 발신할 수 있는 컨트롤 타워였던 것이다.

형사재판이 무죄라고 법관 독립을 침해하지 않은 것은 아니다

이번 판결을 읽을 때 시민들이 놓치지 말아야 할 점은 형사재판의 한계다. 법률적 판단으로 한정된 형사재판과 헌법적 가치인 법관 독립은 날카롭게 구분돼야 한다. 형사재판의 무죄가 법관 독립을 입증하지 않는다. 형사재판은 법관 독립을 담기에 너무 작은 포켓이다.

판결에서 드러난 것처럼 사법행정권을 장악한 엘리트 법관들은 법원 내부의 비판적 목소리를 잠재우려 시도했고, 진행 중인 재판과 그 절차에 대한 문건을 법원행정처나 개인의 의견처럼 둔갑시켜 전달하고 이를 재판에 반영했다. 명백히 위헌적이다.

하지만 법원도 관료 조직이므로 재판과 구분되는 행정이 필요하다. 재판의 특성을 알면서도 그와 '거리 두기'를 할 수 있는, 사법에 특화된 전문 행정조직을 시급히 새롭게 꾸려야 한다. 사법 농단은 독립성이 요구되는 법관을 법원 행정조직의 일원으로 활용하는 구조가 배태한 참사였다. 이에 대한 반성은 사법 농단 행위자에 대한 처벌과 더불어, 사법 행정조직의 개혁이어야 한다.

이번 판결은 사법이란 무엇인가라는 본질적 질문을 던지고 있다. 판결문 곳곳에 '조직 논리'로 움직이는 법관들의 행위가 깨알처럼 기록돼 있다. 그중 인상적인 부분은 헌법재판소에 대한 적개심에 가까운 경쟁이다.

'한정위헌 취지의 위헌 제청 결정'을 취소하고 단순위헌 취지로 재결정하게 한 경우, 통진당 지방의회 의원 행정소송에 개입한 경우, 파견 법관을 동원해 헌법재판소의 내부 정보를 수집하게 한 경우 등 모두 헌법재판소에 대한 법원 조직의 우위를 확보하기 위해서였다.

백번 양보해 헌법재판소에 대한 법원의 우위를 지키고 싶다 하더라도, 사법부의 우위가 파견 법관을 활용한 정보 수집, 기관 간 권력 암투로 확보되는 것이 아닐 것이다.

선출되지 않은 권력의 존재 이유

사법의 본질은 법리와 논증이다. 사법 권력은 선출되지 않는다. 선출되지 않고도 권력을 인정하는 이유는 비선출 권력의 '논증'이 선출 권력의 '정치'와 다른 논리를 갖기 때문이다. 집합적 다수가 표출하는 집단적 의사 결정의 오류 가능성을 논증을 통해 사후적으로라도 교정하고, 정치 과정에서 무시될 수 있는 소수의 의사도 존중하겠다는 헌정의 오랜 지혜다. 사법 권력의 존재 이유는 '논증'이다.

사법부 내에 정치가 아예 없어야 한다는 이야기가 아니다. 모든 조직에는 고유한 정치가 작동한다. 그러나 아무런 변환 장치 없이 법관이 법외적이고 행정적인 수단을 동원해 사법적 결정을 흔들고 지시하며 압력을 가해 법원 조직의 위신을 보호하려 했던 행위는 자신의 존재 근거를 근본적으로 위협하는 '사법의 외관을 한 정치'였다. 이번 항소심의 일부 무죄 판결은 이런 행위에 다시 '사법의 외관'을 덧씌운 것에 불과하다.

이번 항소심과 같이 기계적 법률 해석을 반복하는 이유는 법원의 조직 논리가 암묵적으로 작동하기 때문이다. 기존의 법원행정처 체제가 지속되는 한 이런 판결은 계속 반복될 것이다. 사법 본연의 모습을 되찾기 위한 첫 단추는 법원행정처 개혁이다.

서울중앙지방법원 형사32부(재판장 윤종섭) 2021.3.23. 선고 2019고합187 판결
서울고등법원 형사13부(재판장 최수환) 2022.1.27. 선고 2021노546 판결

이후 이민걸과 이규진은 쌍방 상소, 방창현과 심상철은 검사 상소로 대법원에 상고됐다. 2022년 2월 18일 사건이 접수되어 현재까지 대법원에서 상고심이 진행 중이다(2022도2333). 2022년 4월 12일 주심 대법관 및 재판부 배당(제3부)이 이뤄진 뒤 아직 쟁점에 관한 재판부 논의 중이다. 이민걸 전 실장은 2021년부터 법무법인 화우에서, 이규진 전 상임위원은 2022년부터 법무법인 한결에서 일하고 있는 것으로 알려졌다.

2022

2021

현 재 의 판 결 , 판 결 의 현 재

임성근 탄핵 소추 각하 결정

'서울시 공무원 간첩' 무죄 선고 후 별건 기소, 공소권 남용으로 공소 기각한 판결

고 변희수 하사 전역처분 취소 판결

경비노동자들이 아파트 입주자 대표를 상대로 낸 임금 청구소송

넷플릭스와 SK브로드밴드 간 채무부존재 확인소송

강제동원 피해자와 유족들이 제기한 손해배상 청구소송에 대한 각하 판결

이란 출신 미성년 아들을 둔 A씨의 난민 불인정 결정 취소 소송

정치자금 회계 보고 3개월 열람 제한 위헌 결정

북한 기업이 남한 기업을 상대로 제기한 물품 대금 청구소송

대 한 민 국 법 원

"법관 독립 침해,
위헌적 행위"

무죄

재판 개입은 권한 밖의 일,
처벌할 수 없어

안으로 굽어버린 헌법재판소의 팔

임성근 탄핵 소추 각하 결정

한상희 교수

판사 출신이 8명, 그중에서도 고등법원 부장이나 법원장을 지낸 경력자가 6명이나 자리하고 있는 헌법재판소가 마찬가지로 그 경력 사다리를 따라가고 있는 엘리트 법관을 파면할 수 있을까?

법원은 유달리 선례와 관행에 집착한다. 법원의 현재는 법원의 과거이자 동시에 법원의 미래다. 고등법원 부장 승진을 목전에 둔 수석부장판사가 '휘하의' 법관이 작성한 판결문에 '빨간 펜' 첨삭 지도를 했다면 그것은 선배 수석부장판사로부터 배운 것이자 후임 수석부장판사가 따라 하게 되는 일이다.

과연 헌법재판소의 재판관 8명, 혹은 고위 법관 출신 재판관 6명은 이런 재판 개입 폐습에서 자유롭거나 그에 대해 통렬히 반성하고 있을까? 과연 그들은 법관 탄핵이라는 초유의 결정을 내려 사법 정의와 헌법의 가치를 제대로 세울 수 있을까?

서울중앙지방법원 수석부장판사였던 임성근에 대한 탄핵 심판 사건은 청와대와 재판 거래를 일삼았던 사법 농단 사태로 이어졌던 사건을 다룬다.

첫째, 임성근은, 산케이신문 서울지국장이 박근혜의 이른바 '세월 호 7시간'을 비방하는 칼럼을 쓴 행위는 무죄라고 한 판결문의 말미에 굳이 '이 기사는 명예훼손에 해당'한다는 점을 기재하도록 두 번이나(빨간 펜이 아니라 '푸른색으로') 판결문 초안을 교정해주었다.

둘째, 임성근은, 한 프로야구 선수에게 도박죄로 약식명령이 청구되자 이를 정식 재판에 회부한 판사를 자기 방으로 불러 '다른 판사들의 의견을 더 들어보는 것이 좋겠다'고 지적해 결국 담당 판사가 그 결정을 취소하고 약식명령으로 처리하게끔 했다.

셋째, 민변(민주사회를 위한 변호사모임) 변호사가 쌍용차 부당 해고 관련 집회를 방해하는 경찰과 충돌한 사건에서 담당 재판부가 판결을 선고하고 판결문을 법원에 등록까지 했는데도, 임성근은 판결문과 설명 자료 배포를 보류하고 경찰에 불리한 표현을 '톤 다운하는 것이 어떨지 검토해보라'고 말함으로써 결국 판결문 자체를 수정하도록 했다.

국회는 임성근의 이런 행위가 헌법(국민주권주의, 직업 공무원 제도, 적법절차 원칙, 법원의 권한, 법관의 독립)과 형사소송법(재판의 불가 변경력)을 위배한 것이라 보고 2021년 2월 4일 국회의원 179명의 찬성으로 그를 탄핵 소추하기로 결정했다. 법관에 대한 최초의 탄핵 소추였다.

물론 이런 의결을 하게 된 배후에는 시민사회의 열화와 같은 다그침이 있었다. 사법 농단 사태라는, 법관들이 떼거리를 지어 헌법과 정의를 농락하고 재판 거래라는 불법을 저지른 사태가 발생했는데도 국회가 넋 놓고 방관할 때 시민사회가 어렵사리 제자리에 돌려놓은 것이다.

이 사건의 핵심은 사법의 독립(정확히는 '재판과 법관의 독립')이라는 헌법과 민주 사회의 근간을 훼손한 일을 헌법의 이름으로 바로잡는데 있다. 그러나 헌법재판소의 팔은 역시 안으로 굽었다. 헌법재판소는 탄핵 심판이 진행되던 2021년 2월 28일 임성근이 임기 10년을 마치고 이미 퇴임했기 때문에 파면 결정을 할 실익이 없어졌다고 하면서 청구를 각하했다(애당초 심판 절차 자체가 불필요하다는 각하 의견이 5인, 심판 절차 도중에 퇴임했으니 절차를 중단하자는 심판 절차 종료 의견이 1인, 국회의 탄핵 소추를 받아들여야 한다는 인용 의견이 3인이었다. 탄핵 결정으로 피청구인을 파면하려면 인용 의견이 6인 이상이어야 한다).

헌법재판소의 법정의견(다수의견인 각하 의견)과 심판 절차 종료 의견은 임성근의 행위가 헌법적으로 또는 법적으로 어떤 의미를 가지는지를 아예 판단하지 않았다. 오로지 그가 2월 28일자로 퇴임했다는 사실만 쳐다본다. 마음에 없는 일은 항시 눈 밖에 나는 걸까?

비상적 상황이라는 허구

헌법재판소는 탄핵이란 비상적 상황에 가동되는 예외적이고 보충적인 제도라고 규정하며 탄핵 심판 결정은 되도록 소극적이어야 한다고 일관되게 주장한다. 탄핵 심판은 "중대한 위헌·위법 행위를 한 공직자로부터 해당 공직을 박탈"함으로써 "손상된 헌법 질서를 회복하는 데 기여한다"고 하면서도 이를 "법치주의 수호를 위한 통상적 장치로 이해할 수는 없"다고 단정한다. 탄핵 심판은 법관에 대한 통상의 사법 절차나 조직 내부의 징계권 행사로 그의 위헌·위법 행위를 제어하기 어려울 때 그 절차를 "보충"하는 하나의 "비상수단"에 불과하다고 본다.

그런가? 무릇 비상수단이 있으면 그 대칭점에 평상의 수단이 있어야 한다. 탄핵이 비상수단이라면, 그와 함께 평상의 절차에 따라 고위 공직자나 법관을 직에서 축출할 수 있어야 한다. 하지만 법률 규정만 잘 정비하면 언제든지 파면할 수 있는 여타의 고위 공직자와는 달리 법관에게는 그런 평상의 절차가 적용되지 않는다. 아예 헌법에서 법관은 '탄핵 또는 금고 이상의 형의 선고에 의하지 않고서는 파면되지 아니'(제106조 제1항)한다고 못 박고 있다.

물론 법관의 위헌·위법 행위가 형사 범죄를 구성하면 '통상의 사법 절차'를 거쳐 파면하면 되겠지만(이 경우도 사법 농단 사태에 대한 재판 진행 과정에서 보듯 기대 난망이다), 임성근처럼 형사 범죄가 되기 어려운 방식으로 재판과 법관의 독립을 침해하는 경우에는 책임을 물을 방법이 전혀 없다. 오로지 헌법재판소의 탄핵 결정만이 그를 법관직에서 축출하고 다시는 그런 위헌·위법 행위가 반복되지 못하게 방비할 수 있을 따름이다. 그래서 법관에 관한 한 탄핵 심판은 '비상수단'이 아니라 헌법을 수호하기 위한 '통상'적이고 항시적인 수단일 수밖에 없다.

미국에서 비리·비행을 저지른 법관에 대해 거침없이 탄핵 절차로 나아가며, 일본에서 아예 법관을 대상으로 하는 탄핵재판소까지 두어 탄핵 절차를 상례화하는 것은 바로 이 때문이다. 사법의 독립을 실현하기 위해 법관의 신분은 최대한 보장하는 동시에 법관의 위헌·위법 행위를 유효하게 제재하기 위한 수단으로 탄핵 제도를 마련한 것이다. 요컨대 법관에 대한 탄핵 제도는 비상수단이라기보다는 사법의 독립을 도모하는 통상적인 징벌 수단일 따름이다.

법관도 민주적 정당성을 가진다?

헌법재판소는 법관과 대통령을 거의 같은 급으로 대우한다. 헌법재판소는 두 번에 걸친 대통령 탄핵 사건에서 '탄핵 심판 절차의 헌법 수호 기능'을 법치주의와 민주주의의 구현이라는 관점에서 파악하고자 했다. 법적 정의를 실현하기 위해 국민의 선택을 받은(그래서 민주적 정당성을 가진) 대통령을 임기 중에 쫓아내는 제도가 탄핵이라는 것이다.

그런데 헌법재판소는 이런 대통령직에나 어울릴 만한 이야기를 느닷없이 법관에게 갖다 붙인다. 그 임명에 국회가 관여하는 대법원장과 대법관뿐 아니라, 일반 법관조차도 민주적 정당성을 갖는다는 것이다. 10년이라는 법관 임기제가 "일종 청신한 민주주의의 공기를 불어넣어보려고 한 것"이라는 제헌의회 당시 전문위원의 말을 인용하면서, 헌법재판소는 법관을 임기 내에 탄핵해 파면하면 "민주적 정당성이 부여되는 주기의 변형"이 발생하게 된다는 단언까지 서슴지 않는다.

물론 이런 무리한 판단은 "비상적 상황"에서 신중하게, 소극적으로 탄핵 판단을 해야 한다는 주장으로 이어진다. 70년 전 제헌의회가 사용했던 민주주의라는 말이 자유주의와 결착됐던 역사는 제켜두더라도, 법관의 임기제가 민주적 정당성과 결합된다는 주장이 어떻게 논증되는지도 제대로 거론하지 않은 채 말이다. 이런 논리라면 임기 2년이 보장되는 검찰총장이나 경찰청장은 임기가 전혀 보장되지 않는 법무부장관이나 행정안전부장관에 비해 월등한 민주적 정당성을 갖게 된다(그러면 검찰총장에 대한 법무부장관의 지휘감독권은 대체 뭔가?).

백번을 양보해 임기제가 그 직을 담당할 공무원을 주기적으로 갱신할 수 있게 해 공직 사회가 시대의 변화를 반영한다는 의미에서 '민주적 정당성'을 갖는다고 해도 마찬가지다. 그러려면 기본적으로 법관의 연임제를 없애거나 법관 재임용 심사 과정을 좀 더 까다롭게 해 국민의 법감정을 얼마나 받아들이는지 시험이라도 쳐야 한다. 아니면 미국이나 일본처럼 임기가 만료된 법관에 대해서는 선거를 거쳐 재임용 여부를 결정하게 하든지. 하지만 법관이 재임용 심사에 탈락하는 일이 가뭄에 콩 나듯 하는 우리나라는 이런 논의조차도 금기시되다시피 하고 있다. 자칫 그렇게 됐다가는 사법의 독립이 현저히 침해되리라는 반론 때문이다.

어찌됐거나 헌법재판소는 이런 궤변적 담론을 통해, 탄핵 심판은 되도록 하지 않는 것이 국민의 뜻에 부합하는(즉 민주적 정당성을 유지하는) 것이라고 정리한다. 아울러 임성근은 이미 퇴임했기에 민주적 정당성을 상실했고 국가는 해당 공직에 새로운 공직자를 취임시켜 다시 그 민주적 정당성을 복원하므로, 굳이 그를 탄핵해 파면할 이유가 없다고 본다.

퇴직자는 말이 없다

중국 춘추시대의 오자서는 철천지원수인 초나라 평왕의 무덤을 파헤쳐 그 시신에 300차례나 채찍질했다. 헌법재판소는 임성근을 탄핵해 파면하라는 시민사회의 거친 요구를 이런 일모도원의 허사에 불과하다고 본다. 이미 퇴직한 공직자를 탄핵해봐야 무슨 소용이 있겠냐는 식이다.

헌법재판소에 의하면 공직자의 권한을 박탈하는 것이야말로 탄핵의 핵심이다. 그 외에는 생각도 하지 말고 꿈도 꿔서는 안 된다. 앞서 말한 이상한 논리와 담론들은 이를 말하기 위한 징검다리였다. 탄핵 제도는 "비상적 상황에서 이뤄"지며 그 기능은 임기 중에 공직을 박탈해 비상적 상황을 '정상화'하는 것이라고 본다. 그리고 피청구인인 임성근이 2021년 2월 28일자로 퇴임했으니 그것으로 공직이 박탈됐고 또 새로운 사람이 후임으로 임명돼 우리의 법질서는 흔들림 없이 제 갈 길을 갈 것인 만큼 더 이상 왈가왈부하는 것은 도리가 아니라고 한다.

그렇다. 임성근이라는 판사 한 명을 탄핵하고 안 하고 하는 것이 세계 10대 강국인 대한민국의 명운을 좌지우지할 리는 없다. 그렇다고 해서 사법 농단 사태의 책임을 져야 할 판사가 임기 만료를 기다려 아무런 제재도 받지 않고 퇴임해 변호사 개업을 하고 전관예우를 누리는 것 정도는 헌법재판소가 눈 감아도 될 일일까?

헌법재판소법 제34조 제2항은 탄핵을 받아 파면된 사람은 5년 이내에는 공직에 취임하지 못하게 한다. 그래서 임성근이 탄핵되면 적어도 5년 동안은 공무원 취임은 물론 변호사 개업도 할 수 없다. 시민사회는 이 점 또한 의미 있게 보았다. 잘못한 만큼 이런 불이익이 당연히 그에게 돌아가야 한다고 본 것이다. 하지만 헌법재판소는 이 또한 비리한 수순으로 피해 간다.

헌법재판소에 의하면 이런 불이익 조치는 헌법이 아니라 헌법재판소법이라는 법률에 의해 규정된 것으로 탄핵 제도의 실효성을 확보하기 위한 부수 사항일 뿐이다. 그래놓고 헌법재판소는 우회로를 찾아낸다. 그 불이익 조치가 법률 사항인 만큼 그것을 헌법상의 다른 가치나 이념 및 제도를 통해 변용할 여지를 모색하는 것이다.

첫째, 탄핵 결정으로 향후 5년간 공직 취임을 못 하게 하는 것은 "형법상 '자격정지'에 준하는 의미"를 가진 일종의 형벌적 성격을 띤다.

둘째, 죄형법정주의에 따라 이런 '형사적 제재'는 유추 해석 금지의 원칙이 적용돼야 한다.

셋째, 현행 헌법재판소법에는 '탄핵 결정에 의해 파면된 사람'이라는 규정은 있지만 '임기 만료로 퇴직해 해당 공직에 있지 않은 사람에게 탄핵 사유가 있었던 것으로 확인되는 경우'라는 문구는 없다.

넷째, 그럼에도 후자에까지 공직 취임 제한 조항을 적용하는 것은 "유추해석"이고 "공무담임권의 자의적 배제 또는 부당한 박탈에 해당"되며 "의심스러울 때에는 국민의 기본권을 우선해야 한다는 입헌주의 원칙의 근간을 흔드는 것"이다.

한마디로 임성근은 임기 만료로 퇴임한 자이므로 헌법재판소법 소정의 공직 취임 제한 규정이 적용돼서는 안 된다는 것이다. 그러니까 탄핵 결정이 내려져도 그가 공직에 취임하거나 변호사 개업을 하는 것에는 아무런 영향이 없게 된다, 그러니 굳이 탄핵 심판을 계속할 필요가 뭐 있나, 그냥 끝내자는 것이 법정의견의 요지다.

탄핵은 공직자를 파면하는 것이므로 공무담임권이 문제되는 것은 분명하다. 하지만 굳이 탄핵 제도를 헌법에서 규정한 것은 고위 공직자나 신분이 보장되는 법관이 위헌·위법 행위를 한 때에는 탄핵 소추와 탄핵 심판이라는 특정 절차를 통해 그 사람을 직에서 축출하게 특례를 정한 것이다. 따라서 탄핵의 논리는 일반적인 기본권 제한의 논리와는 다른 맥락에서 접근해야 한다.

그리고 이를 위해 헌법재판소는 이미 두 번의 대통령 탄핵 사건을 통해 탄핵 심사에 필요한 고려 사항(탄핵 요건)을 정해두었다. 첫째 고위 공직자 또는 법관 등이어야 하고, 둘째 직무와 관련한 행위여야 하며, 셋째 위헌·위법 행위여야 하며, 넷째 그 위법성이 중대한 것(중대한 법 위반 또는 국민의 신임에 대한 배반)이어야 한다.

실제 엄밀히 따져보자면 헌법재판소가 아주 교묘하게 논리를 조작한 부분은 헌법재판소법 제53조 제2항의 해석과 관련해서가 아니라 첫 번째 탄핵 요건에서 논의돼야 하는 것이다. 즉 임기가 만료돼 퇴직한 공직자도 첫 번째 요건에서 말하는 고위 공직자나 법관 등에 해당되는가라는 문제로 판단돼야 하는 사항이다. 만일 그렇다는 결론이 나오게 되면 임성근은 '탄핵 결정에 의해 파면된 사람'이 되며 따라서 5년간 공직 취임 제한을 받게 된다. 전직 공무원은 고위 공직자 등에 해당되지 않는다는 판단이 나오면 임성근은 탄핵될 수 없으며 따라서 '탄핵 결정에 의해 파면된 사람'이 아닌 이상 변호사 개업도 맘대로 할 수 있게 된다.

미국 상원이 트럼프 대통령에 대해 탄핵 절차를 밟을 때 임기가 만료돼 퇴직했는데도 불구하고 여전히 절차를 계속했던 이유도 여기에 있다. 전직 대통령도 재직 중에 범한 위헌·위법의 직무 행위에 대해 탄핵 책임을 져야 한다고(즉 첫 번째 탄핵 요건에 해당한다고) 봤던 것이다. 그럼에도 헌법재판소는 몸통에 해당하는 문제를 꼬리에다 붙여버려 개의 꼬리가 몸통을 흔들어버리는 식의 본말이 전도된 결정을 하고 있다.

내 알 바 아니라는 헌법재판소

시민사회가 임성근의 탄핵을 요구할 때 최소한의 마지노선으로 제시한 것이 있었다. '최소한 임성근의 행위가 재판과 법관의 독립을 침해한 위헌·반헌법 행위임을 확인이라도 해달라.' 하지만 헌법재판소는 이런 애절한 목소리를 정면으로 거부해버린다.

우선 헌법재판소는 탄핵 결정에서 사용하는 주문主文의 형식을 핑곗거리로 삼는다. 여태까지 헌법재판소는 주문을 '이 사건 심판청구를 기각한다'(노무현 대통령 탄핵 사건)나 '피청구인 대통령 박근혜를 파면한다' 등의 형식으로 만들었지, 누구의 어떤 행위가 위헌하니 위법하니 하는 것은 주문에 표기하지 않았다. 그러니까 탄핵 사건의 경우 주문은 딱 세 가지, '각하한다' '기각한다' '파면한다'뿐이어서 그 외의 것은 할 수도 없고 또 해서도 안 된다는 것이다.

또 설령 그렇게 위헌·위법 여부를 가려 결정문에 담아내더라도 현행법상 다른 국가기관을 구속하지도 못하는 그냥 췌사에 멈출 뿐이라는 것이 두 번째 핑곗거리다. 헌법재판소가 그동안 각하해야 하는 사건이라도 향후 헌법 질서를 보전하는 데 도움이 될 경우 굳이 위헌 판단을 한 것은 그 판단이 국가기관을 구속하기 때문이었는데, 탄핵 사건은 그런 규정 자체가 없어 어렵사리 위헌성·위법성을 가려내더라도 그냥 헛수고에 불과하게 된다는 것이다.

그러나 주문의 형식은 그동안 헌법재판소가 변형 결정 등의 형태로 비교적 자유롭게 정해왔다. 겨우 두 번밖에 없는 선례에 굳이 스스로를 옭아매며 세 가지 주문 형식 외에는 어떤 것도 허용되지 않는다는 식으로 판단할 필요는 없었다는 것이다.

아울러 임성근 사건을 비롯한 일련의 사법 농단 사태에 대한 위헌성·위법성을 판별해달라는 시민사회의 요구는 굳이 주문의 형식으로 선고돼야 한다는 것이 아니었다. 주문이나 결정 이유 등 어디서든 그에 대한 1심 법원 판결처럼 그 행위가 위헌하고 위법함을 제대로 규명해 다시는 이런 일이 재발하지 않게 미연에 방비해달라는 것이었다.

그 점에서 두 번째 이유 또한 무의미하다. 헌법재판소가 임성근의 행위가 위헌적이고 반헌법적임을 판단하게 되면 그 선언적 의미는 결코 적지 않다. 그동안 법원장이 사건을 헤집고 다니며(신영철 전 서울중앙지방법원장이 그러했다), 수석부장판사가 판결문에 빨간 펜 첨

삭 지도를 하고, 동료의 의견 제시라는 형식으로 '현관 예우'가 이뤄지는 참담한 사법 왜곡의 행태들이 헌법의 이름으로 부정되고 법의 이름으로 단죄될 수 있다. 현재 진행 중인 사법 농단 사태 재판에도 그에 상응하는 기준을 마련할 수 있다. 영문도 모른 채 자기 사건이 뒤로 밀리고, 이상한 문구가 판결문에 들어가 무엇이 법인지 알 수 없고, 대충대충 재판이 진행돼 예상치 못한 판결문을 받아들여야 하고, 아무리 읽어도 판결문의 내용을 이해할 수 없는 무력한 소송 당사자들이 그나마 힘을 얻게 된다.

이미선 재판관이 보충의견에서 탄핵 심판의 목적이 "국민의 대표자인 의회의 탄핵 소추와 헌법재판소의 심판을 통해 행정부와 사법부가 법치주의 원리하에서 운영될 수 있게 견제하고 공직자에 대한 헌법적 책임을 추궁함으로써 헌법의 규범력을 확보하는 데 있다"고 강조한 것은 그 때문이다. 법관이 독점해 국민 위에 군림하던 사법의 영역을, 국민주권을 선언하고 국민의 자유와 권리를 보장하는 헌법이 제대로 작동하는 체제로 이끌어야 할 책무가 헌법재판소에 있는 것이다.

법관의, 법관을 위한, 법관이 지배하는

1987년 헌법 체제가 민주화 시대를 열었다고 한다면 헌법재판소의 기여 또한 무시할 수 없다. '절차적 민주주의'라는 말에 어울리는 (자유주의적) 입헌주의가 현실에서 실천될 규범적 공간을 만들어낸 주역이기 때문이다. 바로 그런 기여 때문에 우리 시민사회가 헌법재판소를 바라보며 기대하는 부분도 적지 않다. 헌법재판소가 국민의 자유와 권리를 수호하는 최후의 보루로 기능하는 동시에 민주공화국인 대한민국이 정상 국가가 될 수 있게 이끄는 역할 또한 기대하는 것이다.

유남석, 이석태, 김기영 등 재판관 3명이 반대의견에서 "헌법재판소가 우리 헌법 질서 내에서 재판 독립의 의의나 법관의 헌법적 책임 등을 규명하면 앞으로 발생할 수 있는 법관의 재판상 독립 침해 문제를 사전에 경고해 이를 미리 예방할 수 있다"라고 한 점은 바로 이런 기대를 드러낸다. 헌법재판을 통해 우리 사회가 나아가야 할 헌법적 가치를 바로 세우고 국가 공동체의 모든 구성원이 지켜야 할 규범적 준칙을 제시하는 역할을 거론한 것이다.

하지만 헌법재판소의 이번 결정은 사법 농단이라는 노골적인 헌법 침해에 너무도 무력하다. 임성근이라는 일개 수석부장판사가 재판에 개입해 사법권을 거래와 흥정의 대상으로 삼는 일이 "중대한 헌법 위반에 해당함을 확인"하는 것조차도 제대로 하지 못한 채 면죄부만 던져주었기 때문이다.

이번 결정의 파장은 임성근 한 사람에서 그치지 않는다. 실제 우리 법제상 법 위반을 일삼는 법관을 내칠 수 있는 장치는 헌법재판소의 탄핵 결정이 유일하다. 그런데 헌법재판소가 법관 탄핵을 이렇듯 '비상적'인 것, 예외적인 것으로 간주하고 탄핵 심판조차 저렇게 좁게, 한정적으로 처리하면, 가뜩이나 통제 장치를 확보하지 못한 채 거의 방치돼 있는 우리 사법권이 문자 그대로 무소불위의 권력으로 나아갈 길을 열어주는 셈이 돼버린다. 반대의견에서 말하는 것처럼 "법관의 강력한 신분 보장을 이유로 아무런 조치를 취하지 않고 탄핵 심판에서까지 면죄부를 주게 된다면, 재판의 독립을 침해해 재판의 공정성에 대한 국민의 신뢰를 현저히 추락시킨 행위에 대해 어느 누구도 책임지지 않는 상황을 그대로 용인하게 된다."

헌법재판소의 이번 결정은 그래서 실망스럽다. '과연?'이라는 기대가 '그러면 그렇지'라는 낙담으로 이어져서가 아니라, 그동안 우리가 어렵사리 확보한 민주 사회의 꿈을 정면으로 거스르는 퇴행적 결정이어서 실망스럽다. 어찌 입법자라도 제정신이어서 법정의견의 보충 의견에서 제시된 것과 같은 입법 개선이라도 해내지 않는 한 이제 우리 사회는 법관이 지배하는, 법관을 위한, 법관의 법체계에 여지없이 예속돼버리지나 않을지 걱정이다.

헌법재판소 2021.10.28. 선고 2021헌나1 결정
각하: 이선애, 이은애, 이종석, 이영진, 이미선
인용: 유남석, 이석태, 김기영
절차 중지: 문형배

'법과 양심에 따라'
재판할 수 있는 기초

'서울시 공무원 간첩' 무죄 선고 후 별건 기소,
공소권 남용으로 공소 기각한 판결

하주희 변호사(법무법인 율립)

검사에 대한 법원의 '비호'를 끝내는 계기가 되길

2021년 10월 대법원은 이른바 '서울시 공무원 간첩' 사건으로 무죄가 선고된 피고인에 대해, 이미 수년 전에 조사가 마무리됐던 다른 사건을 추가로 기소한 검사의 공소 제기가 위법하다는 판결을 확정했다. 그가 구속되고 법정에 선 지 8년 6개월 만의 일이다.

이번 판결은 오랫동안 고통받아온 피고인을 위해 너무나도 다행스러운 결과이고, '교과서'에 있던 '검사가 자의적으로 공소권을 행사해 피고인에게 실질적인 불이익을 줌으로써 소추재량권을 현저히 일탈했다고 보이는 경우'에 실제로 공소기각 판결을 통해 검사의 '보복 기소'에 사법적 통제를 할 수 있다는 가능성을 연 판결로서 매우 의미가 크다.

이번 사건뿐 아니라 2021년 여름에도 대법원이 '2015년 4월 18일

세월호 집회' 당시 질서유지 차원에서 집회에 참여한 변호사가 공무집행방해, 일반교통방해, 집회및시위에관한법률 위반으로 기소된 사건에서 공소장 일본주의 위반으로 공소기각을 선고한 원심 판결을 확정한 바가 있는데(대법원 2021.8.26. 선고 2020도12017 판결. 이 사건은 1심부터 공소기각 판결이 선고됐다), 일련의 판결들이 법원이 검사의 공소 제기에 대해 엄격히 살필 수도 있다는 어떤 '의지'를 보여주는 게 아닌가 하는 기대를 갖게 한다.

'공소권 남용'은 형사소송 최초의 단계에서 '무기 대등의 원칙'을 실현하기 위한 것이므로 실체적 진실을 발견하기에 앞서 반드시 별도로 판단돼야 하는 법리다. 그럼에도 법원은 지금까지 지나치게 검사를 '비호'하며 자신의 역할을 방기해왔다.

공소권 남용에 대한 판단이 재판의 전제로 자리 잡기를

흔히 법원이 진지하게 듣지 않는 '공소권 남용'에 대한 판단은 형사절차에서 피고인에게 공정한 재판을 위한 전제이므로 어느 경우이든 엄격히 판단하는 것이 필요하다. 민사나 행정 사건에서, 특히 행정사건에서 변론주의하에서도 소송요건에 대해서는 법원은 직권으로 조사하고 판단한다. 그렇다면 심지어 처벌을 위한 형사재판에서 소송요건이라고 할 수 있는 검사의 공소 제기의 위법성 여부는 오히려 더 엄격히 판단해야 할 전제라고 보인다.

공소장 일본주의와 관련한 대법원 전원합의체 판결 반대의견의 "공소장 일본주의는 재판 제도의 생명이라 할 수 있는 재판의 공정성을 보장하기 위한 필수적인 원칙으로서 그 원칙에 위배된 재판은 이미 생명을 잃어버린 것이나 다름없다"는 선언 역시 같은 맥락이라고 생각한다(대법원 2009.10.22. 선고 2009도7436 판결. 김영란, 박시환, 김지형, 전수안의 반대의견).

그런 면에서 이번 판결에서 대법원이 공소권 남용과 관련해 '자의적인 공소권 행사'에 '미필적이나마 어떤 의도'가 있어야 한다는 법리를 그대로 유지하며 '어떤 의도'가 있었다고만 판시한 것은 아쉬운 점이다. 소송요건에 대한 판단은 '객관적'으로 정해지는 것이다. 어떤 '의도'가 중요한 것이 아니라 위법하면 '각하'를 면치 못하게 되는 것이 맞다. 그럼에도 유독 검사의 소추재량권과 관련해서는 "자의적인 공소권의 행사라 함은 단순히 직무상의 과실에 의한 것만으로는 부족하고 적어도 미필적이나마 어떤 의도가 있어야 한다"(대법원 2001.9.7. 선고 2001도3026 판결)는 논리를 유지하고 있는 것이다.

검사가 기소를 독점하고 소추재량권을 제한 없이 행사할 때에는 앞의 법리가 그나마 제어 가능한 어떤 논리로 작동했을지도 모른다. 그러나 형사소송법 개정을 통해 수사권 조정이 이뤄지고 검사는 그를 보완하는 역할로 바뀐 지금, 검사의 소추재량권의 일탈·남용을 평가하는 데 별도 '의도'를 요구할 이유는 없다.

법원이 여러 변화에 걸맞게 '공소권 남용'을 재판의 전제로서 필수적으로 판단하고 관련 법리를 재정립할 필요가 여기에 있다. 법원이 '법과 양심에 따라' 재판할 수 있는 기초로서 '공소권 남용'에 대한 엄격한 판단을 형사소송에서 세우는 계기가 되기를 바란다.

서울고등법원 형사5부(재판장 윤준) 2016.9.1. 선고 2015노2312 판결
대법원 1부(주심 노태악) 2021.10.14. 선고 2016도14772 판결

힘을 보태어 이 변화에,
존엄과 평등이 보장되는 군을 논의해야

고 변희수 하사 전역처분 취소 판결

박한희 변호사(공익인권변호사모임 희망을만드는법)

"피고(육군참모총장)가 망 변희수에 대해 한 2020년 1월 23일자 전역처분을 취소한다."

2021년 10월 7일 법정에서 재판장의 주문 낭독을 들으며 정말 여러 생각이 났다. 당연히 이뤄져야 할 판단이 이뤄졌다는 안도감, 그럼에도 판결이 나오기까지 너무나 오랜 시간이 걸리고 그 과정에서 당사자가 함께하지 못했다는 슬픔, 이후 남겨진 과제에 대한 고민 등이 복합적으로 떠올랐다. 아마 법정 밖에서 그리고 언론 등을 통해 결과를 지켜본 많은 시민 역시 비슷한 생각을 했을 것이다.

2020년 1월 16일 육군에서 성확정 수술(성전환 수술)을 받은 트랜스젠더 군인에 대해 전역 심사를 계획하고 있다는 소식이 언론을 통해 알려졌다. 당초 A하사로만 알려졌던 그는 1월 22일 전역심사위원회의 결정을 앞두고 기자회견을 통해 변희수라는 자신의 이름과 얼굴을 공개하며 나라를 지키는 군인으로 계속 남고 싶다고 호소했다. 그럼에도 1월 23일 육군은 변희수 하사에게 전역처분을 내렸다. 성확정 수술을 받은 것이 군인사법상 심신장애 사유인 '음경·고환 결손'에 해당한다는 이유에서였다.

이후 변하사는 인사 소청을 제기했으나 기각을 당해 2020년 8월 11일 소송을 제기했다. 그리고 소송을 제기하고 400여 일이 지나 마침내 법원은 육군의 전역처분이 위법해 취소해야 한다는 판결을 내렸다. 그 과정에서 겪은 우여곡절에 정말 할 말이 많지만 여기서는 해당 판결의 주요 쟁점과 내용에 대해 살펴보려고 한다.

소송 수계, 권리를 두텁게 보장하기

소를 제기하고 8개월여 지난 2021년 4월 15일 첫 기일이 진행된 재판은 시작 전부터 그 진행이 가능할지가 쟁점이 됐다. 너무나 안타깝게도 소송의 원고인 변하사가 그 사이 망인이 됐기 때문이었다. 이렇게 소송 진행 중에 당사자가 사망한 경우에 민사소송법은 소송 수계라는 절차를 두고 있다. 상속인이나 법률에 따라 당사자를 이어 소송할 수 있는 사람이 소송을 이어받아 진행하는 절차다. 이번 사건에서는 변하사의 부모님이 상속인으로서 새로운 원고가 되어 소송 수계를 신청했다.

문제는 해당 재판에서 다투는 것이 변하사의 군인으로서의 지위이며 이는 타인이 상속할 수 없는 일신 전속적인 것이라는 점이었다. 따라서 원칙적으로는 상속인이 이를 이어받아 재판으로 다툴 수 없고 그렇기에 소송을 종료해야 한다는 것이 피고 육군 측의 주장이었다.

그러나 법원의 판단은 달랐다. 법원 역시 군인으로서의 지위가 상속되지 않는다는 점은 인정했다. 그러면서도 전역처분이 취소될 경우에는 변하사가 전역처분이 있었던 2020년 1월 23일 이후로 계속 복무한 것이 인정되고, 따라서 그 기간의 복무에 대한 급여를 받을 수 있으며, 이런 급여 청구권은 재산으로서 상속의 대상이 된다고 판단했다. 따라서 소송 수계를 인정해 전역처분의 위법성을 다투는 것이 원고들의 권리를 두텁게 보장하는 것이라 보았다.

더 나아가 법원은 변하사 외에도 군 내에 트랜스젠더들이 있다는 사실에, 그렇기에 성확정 수술을 받고도 전역처분을 받는 일이 또다시 반복될 수 있다는 점에 주목했다. 그래서 행정의 적법성 확보와 그에 대한 사법 통제, 국민의 권리 구제 확대 등을 위해 사법적 판단이 필요하다고 보았다. 이번 사건을 하나의 예외적 문제가 아니라 다양한 성 정체성을 지닌 사람들이 살아가는 사회구조 속에서 지금 해결해야 하는 문제로 판단한 것이다.

여성인 변희수에게 남성의 심신장애 사유를 적용한 것은 위법

이렇게 소송 수계를 인정한 법원은 육군의 전역처분이 위법한지에 대해서도 간결하면서도 명확한 판단을 내렸다. 변하사는 전역 심사 당시 법률적으로 여성으로 평가돼야 하는데, 육군이 남성의 심신장애 사유인 '음경·고환 상실'을 적용한 위법이 있다는 것이다. 즉 애초부터 사유 자체를 잘못 적용해 전역처분을 내린 이상 다른 문제를 살펴볼 것도 없이 전역처분은 위법하다는 것이다.

트랜스젠더 여성인 변희수는 여성이므로 남성의 심신장애 사유를 적용할 수 없다. 이렇게 한 줄로 요약될 수 있는 판결 요지이지만 그 안에 담긴 의미는 적지 않다. 육군이 변하사에 대해 남성의 심신장애 사유를 적용한 이유는 전역 심사 당시 변하사가 아직 법원의 성별 정정 결정을 받지 못해 법적으로는 남성이라는 이유에서였다. 즉 군은 변하사의 성별 정체성과 신체 상태 등을 고려하지 않고 신분증상 성별에 따라 기계적으로 판단한 것이다.

이에 법원은 "변희수가 성 정체성 장애 또는 성전환증으로 성전환 수술을 받았고 별다른 후유증 없이 회복된 점, 수술 이후 여성으로서 만족감을 느끼며 성 정체성을 인식하고 있던 점, 사회 통념상으로도 변희수를 여성으로 볼 수 있는 점, 전역처분 이후 2020년 2월 10일 청주지방법원이 변희수의 성별을 남성에서 여성으로 정정하는 등록부 정정(성별 정정)을 허가했고, 피고도 이런 사정을 알고 있던 점에 비춰, 전역처분 당시 변희수의 성별은 여성으로 평가함이 타당하다"고 보았다.

즉 법원은 신분증상의 형식적 성별이 아니라 변희수의 성 정체성, 신체 상태, 사회생활 등 정신적·신체적·사회적 요소를 종합해 성별을 판단해야 한다고 본 것이다. 이는 변희수를 단지 고환·음경 수술을 받은 남성으로 보고 전역처분을 내리고 재판 진행 과정에서도 계속 그의 성 정체성을 부정하며 명예를 훼손해온 육군의 주장을 정면으로 부정한 것이기도 하다.

마지막으로 법원은 트랜스젠더가 성확정 수술을 받은 뒤 군 복무를 계속할 수 있을지에 대해서는 입법적·정책적으로 결정할 문제라고 이야기했다. 그 말처럼 현재 트랜스젠더의 복무와 관련해 어떠한 정책도, 기본적 연구도 돼 있지 않은 상황에서 또다시 이번 사건과 같은 일이 발생하지 않으려면 국가 차원의 논의와 대응이 필요하다.

그럼에도 해당 판결 이후 국방부와 육군은 항소를 통해 무익한 법정 다툼을 이어가겠다며 법무부에 소송 지휘를 건의하기까지 했다. 이에 법무부가 항소 포기를 지휘해 이번 판결은 확정될 것으로 보이지만, 자신들의 과오에 대해 어떠한 사죄도 없던 국방부와 육군이 이후 어떻게 변해갈지는 계속 지켜봐야 할 것이다.

"힘을 보태어 이 변화에 보탬이 됐으면 좋겠다."

변하사가 기자회견을 하면서 했던 이 말은 2021년 초 그를 추모하며 서울광장에서 시민들이 추모 행동을 했을 때 외친 구호이기도 하다. 한 사람의 용기가, 목소리가 만든 변화가 사법부의 마땅한 판결로 이어진 지금, 앞으로 국가는, 사회는 무엇을 해야 하나. 누구나 성별·성적지향·성별정체성에 따른 차별 없이 존엄한 개인으로서 복무하기 위해 군대는 어떻게 바뀌어야 할지, 이번 판결을 통해 정말 더 많은 논의가 이어지기를 바란다.

다시 한 번 고 변희수 하사의 명복을 빈다.

대전지방법원 행정2부(재판장 오영표) 2021.10.7. 선고 2020구합104810 판결

해당 판결에 대해 육군은 당초 항소 의사를 밝혔으나 법무부의 지휘를 받아 결국은 항소를 포기했다. 하지만 육군은 이후로도 변하사의 순직을 불인정하며 여전히 자신들의 책임을 인정하지 않고 있다. 이에 대해 국가인권위원회는 변하사의 순직 불인정을 인격권 침해로 보고 국방부에 재심을 권고했다. 국방부와 군이 자신의 과오를 정말로 반성하고 더 나은 군대를 만들기 위해 책임을 다하기를 촉구한다.

휴식 없는 노동 현실 인정한 판결,
이제는 변화가 필요하다

경비노동자들이 아파트 입주자 대표를 상대로 낸 임금 청구소송

문은영 변호사(법률사무소 문율)

2017년 3월 압구정 아파트 경비노동자들이 아파트 입주자대표 회의를 상대로 휴게시간에 제대로 쉬지 못하고 일을 한 것에 대해 이는 근로시간에 해당하므로 임금을 지급해야 한다며 제기한 임금 체불 진정(서울고용노동부 강남지청) 사건을 시작한 지 4년여 만인 2021년 7월, 대법원은 원고인 경비노동자들의 청구를 대부분 인정하는 판결을 내렸고 이로써 법적 공방은 종결됐다.

이번 소송에서 아파트 경비노동자들이 격일제 근무(2개 조가 24시간씩 일하고 맞교대하는 방식) 중 6시간으로 설정돼 있는 휴게시간에 쉬지 못하고 사실상 근로를 제공했다는 주장에 대해 1심 법원은 인정하지 않았으나, 2심 법원은 이를 뒤집고 원고들이 휴게시간에 근로를 제공한 사실을 인정해 대부분 청구를 받아들였다. 대법원도 2심 판결과 동일한 사유로 원고의 청구를 받아들였다.

원고들의 동일한 청구에 대해 1심과 2심은 왜 다르게 판단했을까, 2심은 어떤 이유로 경비노동자들이 휴게시간 없이 일을 했다고 인정했을까, 왜 경비노동자들은 휴게시간도 보장받지 못하고 계속 일하게 됐을까 등 여러 의문의 답을 찾아가며 경비노동자들의 노동조건에 대해 살펴보려고 한다.

이번 사건의 경비노동자뿐 아니라 아직도 많은 아파트 경비노동자가 격일제 근무를 하고 있다. 격일제 근무는 장시간 야간 노동을 포함하는, 신체 피로도가 높은 근무 형태라 일반 사업장에서는 거의 적용하지 않고 있다. 경비노동자 직군에서 독특하게 남아 있는 교대근무 형태다. 근무시간 중에 장시간 야간근로가 포함될 경우 근로기준법에 따라 연장 수당과 야간근로 수당이 지급돼 임금이 높아지면서 인건비가 부담되므로, 근로시간 중간에 장시간 휴게시간을 포함시켜 임금을 적정 수준으로 유지하는 방식으로 운영되고 있다. 따라서 경비노동자는 사실상 장시간 사업장에 체류하면서도 낮은 임금 수준에 머물게 된다.

그런데 근무시간 중간에 부여된 장시간 휴게시간에 제대로 쉬지 못한다면, 심지어 업무를 수행한다면 노동자는 약속한 근로시간을 초과해 노동을 제공하고 사용자는 그만큼 초과 이익을 얻은 것이 된다. 이번 사건 소송에 참여한 경비노동자들이 장시간 근로시간 사이에 부여된 휴게시간에 진짜 쉬었는지, 일을 했는지가 소송의 쟁점이었다.

근로기준법에서 휴게시간이란 '사용자의 지휘·감독으로부터 완

전히 벗어나 자유롭게 사용할 수 있는 시간'을 의미한다. 그런데 휴
게시간은 근로시간 중간에 주어지기 때문에 엄격히 구분하지 않으
면 근로시간과 혼재될 가능성이 높고 노동자가 제대로 휴식을 취하
지 못하는 문제가 발생한다. 업무와 사업장 특성 등으로 인해 휴게
시간과 근무시간의 경계가 무너진 경우 휴게시간인지 근로시간인
지 법적 판단이 필요한데, 원고들의 경우도 휴게시간과 근로시간의
경계는 이미 허물어져 있었다.

그러나 휴게시간에 제대로 쉬었는지, 혹은 쉬지 못했는지를 소송
에서 증명하는 것은 결코 쉬운 일이 아니다. 휴게시간에 쉬지 못하
고 일했다는 증거가 남아 있어야 하고 누군가 실제 목격한 사람이
제대로 증언할 수 있어야 한다. 그러나 모든 시간을 기록할 수 없고
소송에서 그 시간을 그대로 재현할 수 없는 이상 구체적으로 노동
자들이 어떻게 일했는지 구조적으로 들여다보고 실제 휴게시간에
쉬지 못하고 일한 사실의 흔적을 최대한 모아 보여줄 수밖에 없다.

이번 사건에서 아파트 경비노동자들이 휴게시간에 제대로 쉬지
못하고 일했다는 흔적은 다행히도 많이 남아 있었다(그 흔적을 잘 찾
아내고 정리한 변호사들의 부단한 노력이 판결문에 엿보인다). 경비노동자들
이 24시간 어떻게, 어떤 업무를 하며 지냈는지에 답이 있었다.

첫째, 사용자는 원고들의 휴게시간이 언제인지 알려주지 않았다.
원고들은 오전 9시부터 다음 날 오전 9시까지 24시간 근무하고 다
음 24시간 쉬는 격일제 교대 근무 방식으로 일하며 근무 중간에 총
6시간 휴게시간을 갖기로 돼 있었지만, 도대체 언제, 어떻게 쉴 수

있는지 업무 지시를 받은 적이 없었다. 입주민들 역시 어느 시간이 경비노동자들의 휴게시간인지 전혀 알지 못했다. 소송을 제기할 때쯤인 2017년에 이르러서야 구체적인 휴게시간이 특정될 정도로 그 전에는 휴게시간은 그저 근로계약서에만 존재했다고 할 수 있다.

둘째, 원고들이 담당한 업무를 볼 때 도저히 휴게시간에 쉴 수 없는 상태였다. 전체 아파트 규모와 경비노동자들 인원을 고려할 때 동별 경비 초소에 배치된 경비원 한 명은 평균 71세대의 각종 민원에 대응해야 했다. 경비노동자들이 담당하는 업무는 경비 업무뿐 아니라 단지 안팎 순찰, 입주민의 민원을 관리사무소에 접수하는 일, 주차 관리 및 대행, 택배 보관 및 인계, 동 주변 청소, 재활용품 분리수거 등 아파트 시설 관리의 대부분을 담당했다. 특히 입주민 민원 처리와 주차 대행 업무는 24시간 '언제든지' 해야 하고 실제 그렇게 이뤄진 업무였다. 해당 아파트의 경우 지하주차장이 없다 보니 주차 공간이 매우 협소해 경비노동자들이 입주민의 차량 열쇠를 받아 주차 대행 업무까지 했다. 입주민들을 위한 주차와 차량 이동 업무는 업무의 특성상 24시간 수시로 발생했고, 저녁·야간 시간대에 간헐적·돌발적 요청에 대비하기 위해 경비 초소에 상시 대기할 수밖에 없는 근무 환경이었다.

셋째, 경비노동자들이 식사 시간은 물론이고 야간근무 시간에도 빈번히 여러 업무를 수행한 사실이 경비일지와 경비감독일지에 그대로 남아 있었다.

넷째, 해당 아파트 입주자대표회의가 주차 대행 서비스를 경비노동자들의 업무임을 전제로 해 업무 지시를 한 사실이 여러 차례 확인됐고 결재 라인을 통하여 관리·감독이 이뤄진 사실도 확인됐다.

다섯째, 경비노동자들은 제대로 쉴 수 있는 독립된 휴게 공간이 없어 경비 초소에 24시간 계속 머무르며 식사하거나 잠깐씩 잠을 자야 했다. 휴게시간 중에도 입주민들의 돌발성 민원(주차 대행, 음식 배달 및 방문인 확인, 관리사무소 민원 접수 등)이 발생할 경우 대응해야 했다.

이런 여러 사실이 존재했는데도 1심 법원은 입주자대표회의가 구체적으로 어떻게 업무상 지휘·감독을 했는지 입증되지 않았다는 이유로 원고들의 청구를 배척했으나 2심 법원은 달랐다. 이런 근무 조건과 환경을 볼 때 원고인 경비노동자들이 24시간 비좁은 초소에 서 사용자의 지휘·감독으로부터 전혀 벗어나지 못한 상태에서 계속 일할 수밖에 없었음을 충분히 이해하고 난 뒤 휴게시간에 근로한 사실을 인정했다.

경비노동자들은 결국 4년에 걸친 소송 끝에 휴게시간으로 위장 된 근로시간였음을 인정받았다. 소송 결과를 통해 경비노동자들이 그동안 제대로 휴게시간을 갖지 못했다는 사실을 모두가 알게 됐다.

사실 경비노동자들이 그동안 휴게시간 보장받지 못했어도 문제 를 제기하기 어려웠던 사정을 이해할 필요가 있다. 경비노동자들 의 고용은 용역 업체를 통한 간접고용 형태다. 용역 업체가 변경되 면 고용 승계가 되지 않거나 1년짜리 근로계약을 갱신하지 않는 방 식으로 사실상 해고가 자유롭게 이뤄지는 불안전한 고용 형태 때문 에 근로조건을 개선하기 어려웠다. 노동자에게 당연히 주어져야 할 휴게시간은 경비노동자들에게도 주어져야 하고 그러려면 그들의 노동 환경과 조건이 변화돼야 함을 사회적 차원에서 논의할 필요가 있다.

2021년 아파트 가격은 하늘 높은 줄 모르고 치솟지만 그 아파트를 편리하게 이용할 수 있게 노동을 제공하는 경비노동자들의 노동권도 함께 급격히 좋아지고 있는지는 모르겠다. 2014년 입주민의 모욕을 견디지 못하고 사망한 경비노동자 사건에 이어 2019년 주민 갑질로 숨진 경비노동자 사건은 여전히 열악한 그들의 노동 현실을 극단적으로 드러내고 있다.

그러나 경비노동자들의 노동조건 개선을 위한 논의와 변화를 모색하기 위한 노력이 계속되고 있다. 지난 2019년 10월 서울시와 서울노동권익센터는 '서울시 아파트 경비노동자 실태조사 보고서'를 발간하며 고용 실태와 함께 단기 근로계약 근절을 위한 조치, 휴게시간 보장을 위한 규정 마련, 입주민 갑질 방지를 위한 직장 내 괴롭힘 금지 조항 확대 적용, 경비원 업무 범위 명확화, 교대제 개선 문제, 지방자치단체의 지원 등에 대해 여러 제안을 한 바 있다.

또 서울시는 경비노동자들의 장시간 근무 교대제, 임금 체계 개선을 위한 컨설팅 사업도 시작했다. 최근 격일제 근무로 생기는 경비노동자들의 과로사 방지를 위한 국회 토론회가 열릴 정도로 경비노동자들의 장시간 노동시간을 문제 삼고 있다. 그동안 실질적으로 각종 아파트 시설 관리 업무를 담당하면서도 형식적으로는 경비라는 감시·단속 업무만 하는 것으로 간주됐던 기존 업무 내용에 대해 법률적 정비도 이뤄지고 있다.

그러나 경비노동자들의 노동조건 개선이 충분하지 않다는 문제 제기가 이어지고 있는 만큼 노동 환경 개선을 위한 논의와 대책 마련이 더 필요하다. 변화를 모색하는 주체들은 경비노동자들의 노동조건 개선을 위해 무엇보다 그들의 업무 환경과 목소리에 더욱 귀 기울였으면 한다. 이번 판결처럼 말이다.

서울중앙지방법원 민사48부(재판장 최형표) 2019.9.19. 선고 2018가합512483 판결
서울고등법원 민사1부(재판장 전지원) 2021.3.26. 선고 2019나2044676 판결
대법원 2부(주심 이동원) 2021.7.21. 선고 2021다225845 판결

공정하고 공공적인 망 비용 정책은 무엇인가

넷플릭스와 SK브로드밴드 간 채무부존재 확인소송

오병일 대표(진보네트워크센터)

이른바 '망 사용료'를 둘러싼 논란이 확대되고 있다. 논란은 2020년 4월 넷플릭스가 서울중앙지방법원에 SK브로드밴드(SKB)를 상대로 채무부존재 확인소송을 제기하면서 시작됐다. SKB가 넷플릭스에 망 사용료를 지급하라고 요구했지만 넷플릭스는 지급할 의무가 없다고 주장했다. 넷플릭스의 국내 트래픽이 급증하고 해당 회사의 드라마 '오징어 게임'이 폭발적인 성공을 거두면서 해외 콘텐츠 제공자(CP: content provider)들이 막대한 수익을 챙기며 정당한 망 사용료는 내지 않으려 한다는 여론이 비등했다.

여야 국회의원들은 거대 CP들에 대해 망 이용 계약 체결을 의무화하는 등의 내용을 담은 전기통신사업법 개정안, 이른바 '망 무임 승차 방지법'을 발의했다. 최근에는 구글이 가세해 논란에 더욱 불을 지폈다. 구글은 법안이 "콘텐츠 기업들에 이중 부담을 지우는 것을 허용"하고 이런 추가 비용이 "콘텐츠를 제공하는 기업, 그리고 그런 기업들과 생계를 같이 하는 크리에이터들에게 불이익을 주게 될 것"이며, 유튜브는 "한국에서 사업 운영 방식을 변경해야 하는 어려운 결정을 고려해야 할 수도 있"다고 비판했다. 국회의원들은 구글이 크리에이터를 앞세워 자사에 유리한 여론을 형성하고 있다고 반발했다. 동시에 국회에서도 법안 논의에 신중해야 한다는 입장도 확산되고 있다.

과연 넷플릭스와 구글은 정당한 망 사용료를 내지 않고 있을까? 그럼, SKB는 사용료도 내지 않는 CP에게 왜 계속 서비스를 제공할까? 차별을 받고 있다는, 네이버와 카카오 등 국내 CP들의 목소리는 왜 이렇게 잠잠할까?

논란의 발단이 된 이번 사건의 1심 판결은 2021년 6월에 나왔다. 서울중앙지방법원은 넷플릭스의 청구를 각하·기각했다. 대다수 언론은 법원이 SKB의 편을 들어주었다고 보도했다. 그러나 판결 내용을 들여다보면 꼭 그렇지는 않은 것 같다. 법원의 판결을 들여다보기 전에 우선 인터넷의 작동 방식과 관련 개념부터 정리해보자.

인터넷의 작동 방식과 주요 개념

개인이든 콘텐츠 제공자든 인터넷에 들어가려면 특정한 인터넷 서비스 제공자(ISP)로부터 접속 서비스를 제공받아야 한다. 한국에서는 유선방송 사업자 같은 중소 ISP도 있지만 KT와 SKB, LGU+ 등 3대 통신사가 ISP 시장을 장악하고 있다.

우리는 인터넷을 사용하기 위해 통신사에 매달 요금을 납부하고 있다. 초당 100메가바이트나 1기가바이트 등 속도에 따라 요금은 다르지만, 한번 인터넷에 접속하면 전 세계 누구와도 소통이 가능하다. 그래서 이를 '접속료'라고 할 수 있다. CP 역시 국내 ISP를 통해 인터넷에 연결되면 전 세계 누구든 국내 CP의 콘텐츠에 접근할 수 있다.

이용자나 CP는 접속을 제공하는 ISP에만 접속료를 내지만, 이용자가 CP의 콘텐츠에 접근할 때 실제로는 여러 망을 경유하게 된다. 예컨대 미국 ISP인 Verizon에 가입한 A가 한국의 SKB에 연결된 B라는 CP에 접속할 때 Verizon과 SKB 사이에 있는 여러 ISP를 거쳐 B의 서버에 접속하게 된다. 그러나 가입자 A는 Verizon에, B는 SKB에만 접속료를 내면 될 뿐이고, B의 트래픽이 Verizon의 망을 흐른다고 하더라도 B가 별도 비용을 Verizon에 내야 하는 것은 아니다.

우리가 하나의 ISP를 통해 접속해도 전 세계적 연결이 가능한 것은 ISP들끼리 서로 연결돼 있기 때문이다. 이때 주로 동등한 규모의 ISP끼리 상호 비용 정산 없이 연결되는 것을 직접 접속(피어링peering)이라 하고, 작은 ISP가 전체 인터넷에 연결되기 위해 큰 ISP에 연결되는 것을 중계 접속(트랜싯transit)이라고 한다. 후자의 경우 작은 ISP가 큰 ISP에 중계 접속 비용(transit fee)을 내게 된다.

또 망의 규모에 따라 계위(tier)를 구분하는데 한국에서는 3대 통신사, KT와 SKB, LGU+가 1계위 ISP이고 드림라인과 세종텔레콤 등이 2계위, 유선방송 사업자들이 3계위에 해당한다. 그러나 세계적으로는 미국과 유럽의 주요 통신사들이 1계위(Tier 1 Network)를 차지하고 있으며 아시아 지역에서는 일본의 NTT와 홍콩의 PCCW만이

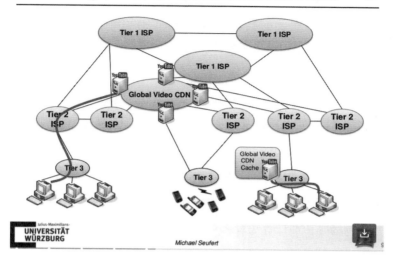

Changes: Internet Structure and VoD Traffic

여기에 포함돼 있다. KT와 SKB는 세계적으로는 2계위 네트워크다. 따라서 세계의 모든 지역과 연결되려면 한국 통신사들은 1계위 네트워크에 비용을 지불하고 중계 접속을 해야 한다.

우리는 전 세계 이용자와 콘텐츠에 접근할 수 있지만 접속한 ISP 외 다른 ISP에는 별도 요금을 내지 않는다. CP 역시 마찬가지다. 한 국가의 CP가 발신한 콘텐츠 트래픽이 전 세계 각국의 망을 통해 흐를 수 있지만, 어떠한 망에 트래픽이 흐른다는 이유만으로 해당 트래픽의 발신자(CP)가 그 망에 사용료(망 사용료 혹은 망 이용 대가)를 내지는 않는다. 만일 망을 통해 트래픽이 흐른다는 이유로 (접속료가 아니라) 망 사용료를 내게 한다면, 그래서 한 국가의 CP가 전 세계 각국의 통신사에 사용료를 납부해야만 한다면, 인터넷이 제대로 작동할 수 있을까? 인터넷에서 접속은 유료, 전송은 무료라고 하는 이유도 이 때문이다.

물론 이용자는 자신에게 접속 서비스를 제공하는 KT와 같은 ISP에 접속료를 내고 KT는 더 높은 계위의 ISP에 비용을 지불하는 방식으로 인터넷 운영 비용의 정산이 이뤄진다고 말할 수도 있다. 어쨌든 직접 접속을 하지도 않는 이용자나 CP에게 망 사용료를 부담하게 하는 경우는 없으며, 그런 의미에서 망 사용료를 걷는다면 그것은 통행세라고 해도 무방할 것이다.

그런데 넷플릭스나 유튜브 같은 해외 CP의 콘텐츠에 국내 이용자의 접속이 많아진다면 어떻게 될까. 해외 CP가 연결되어 있는 해외 ISP로부터 국내 ISP로의 트래픽이 증가할 것이며, 그에 따라 국내 ISP들이 더 높은 계위의 해외 ISP에 내야 하는 중계 접속 비용이 높아질 것이다. 해외 CP 입장에서도 서버가 해외에 있어서 여러 단계의 망을 거쳐야 한국의 이용자에게 전달된다면 서비스의 질이 저하될 가능성이 크다. 특히 동영상 같은 고용량 콘텐츠의 경우 망에 부하를 야기할 수 있다.

이때 지역의 ISP에 캐시 서버를 설치하는 것이 이런 문제를 해결하는 방법이 될 수 있다. 예컨대 넷플릭스나 유튜브의 콘텐츠 중 한국의 이용자가 많이 사용하는 콘텐츠를 캐시 서버(원래의 서버와 같은 콘텐츠를 저장하고 있는 임시 서버)에 저장하고, KT 같은 국내 ISP에 직접 연결하는 것이다. 그럼, KT 입장에서는 해외 ISP를 통해 콘텐츠를 가져올 필요가 없으니 중계 접속 비용을 절감할 수 있고, 해외 CP는 한국 이용자와 가까운 곳에 자신의 서버를 두고 양질의 서비스를 제공할 수 있으며, 트래픽이 여러 망을 경유하지 않아도 되므로 망의 효율성 면에서도 좋다. 캐시 서버는 넷플릭스나 구글 같은 CP가 직접 운영할 수도 있고, 전문 캐시 서버(콘텐츠 전송 네트워크, 즉 CDN)를 임대할 수도 있다.

이때 캐시 서버를 국내 ISP에 접속할 때 소요되는 비용을 어떻게 처리할지 문제가 된다. 모든 이해관계자에게 '윈 윈'이 되는 해법을 찾을 테지만 여하간 소요 비용은 누군가 (함께) 부담해야 한다. 이 비용은 통상적으로는 사업자 간 자율 협상에 의해 정해지며 요구가 큰 사업자가 더 많은 비용을 부담하게 된다. 넷플릭스와 SKB의 분쟁은 이 협상에서 협상력을 확보하기 위한 샅바 싸움으로 볼 수 있다.

판결 내용

넷플릭스와 SKB는 일본 도쿄와 홍콩에 넷플릭스의 캐시 서버 (OCA)를 두고 상호 접속하고 있다. 넷플릭스 측의 트래픽이 증가하면서 SKB가 넷플릭스에 국제망 증설 비용 등에 대한 비용 분담을 요청한 것으로 보인다. 협상이 원활히 이뤄지지 않자 SKB는 2019년 11월 방송통신위원회에 넷플릭스와의 망 이용료 협상에 대해 재정 신청을 했다. 넷플릭스가 협상에 성실히 응하도록 해달라는 취지다. 이에 2020년 4월 넷플릭스는 서울중앙지방법원에 SKB를 상대로 채무부존재 확인소송을 제기했다. 소송이 제기되면 방송통신위원회의 재정 절차가 중지되기 때문이다.

넷플릭스의 청구 사항은 자사 서비스로 인해 유발되는 트래픽과 관련해 SKB의 국내·국제망을 통한 전송, 그리고 이런 망의 운영, 증설, 이용에 대해 협상하거나 대가를 지급할 채무가 존재하지 않음을 확인해달라는 것이다.

2021년 6월 1심 판결에서 법원은 협상 의무 부존재 확인청구 부분은 각하, 대가를 지급할 채무가 존재하지 않는다는 부분은 기각했다(협상 의무 부존재 확인청구 부분을 각하한 이유는 원고와 피고는 계속 협상 중이고 원고의 궁극적 목적은 대가 지급 채무의 존재 여부이므로 협상 의무 부존재 확인청구는 원고의 지위 불안을 해소하는 유효한 수단이 아니라고 보았기 때문이다. 이 글에서는 자세히 다루지 않는다).

법원은 넷플릭스의 캐시 서버인 OCA가 일본과 홍콩에서 SKB의 전용 회선과 연결돼 있기 때문에 "인터넷 망에 대한 연결 및 그 연결 상태 유지라는 유상의 역무를 제공받는 것에 대한 대가('연결에 관한 대가')를 지급할 의무를 부담한다고 봄이 타당"하다고 보았다. "국제선 망에는 원고들(넷플릭스)의 트래픽만이 소통한다는 점에서 원고들은 피고(SKB)로부터 일반적인 CP와는 구별되는 독점적 지위를 부여받고 있"어 "자신의 고객들에게 좀 더 양질의 콘텐츠를 안정적으로 전송할 수 있는 이익을 향유"하고 있다는 것이다. 여기서 중요한 점은 대가를 지급할 의무를 부담한다고 본 이유는 '망에 대한 연결'을 제공하기 때문이지, 단지 트래픽이 SKB의 망을 통해 흐르기 때문이 아니다. 법원은 이번 사안이 '전송의 유상성'에 관한 논의와는 직접적 관련이 없다고 보았다. 즉 법원은 접속료를 인정한 것이지 전송료를 인정한 것은 아니다.

또 법원은 넷플릭스가 망 연결에 대한 대가를 지급할 의무는 있지만 그것이 얼마가 돼야 하는지는 단정하지 않았다. 넷플릭스와 SKB는 입장 차에도 불구하고 사실상 "그 대가의 지급 방식, 규모, 기준, 시기 등을 협상하는 과정"에 여전히 있다고 보았으며 대가 지급 방식은 다양할 수 있다고 했다. 즉 회선 용량 단위의 접속료 명목의 금전 지급만이 아니라 넷플릭스의 캐시 서버를 설치해 SKB의 트래픽을 경감하거나 각종 공사 비용과 설비 업그레이드 비용 등을 상호 분담하는 등 다양한 방식이 있을 수 있다고 본 것이다. 그렇다면 앞서 필자가 언급했듯이, 캐시 서버 접속의 비용은 CP와 ISP가 협상하기 나름이라는 점을 법원 역시 인정한 것으로 볼 수 있다.

다만 '연결에 관한 대가'가 국내 CP들이 국내 ISP에게 지불하는 접속료와 동등한 것처럼 표현한 점은 아쉬운 부분이다. 국내 CP들이 국내 ISP에 연결하는 것은 국내 이용자뿐 아니라 전체 인터넷에 대한 연결성을 얻기 위해서지만, 넷플릭스 같은 해외 CP의 캐시 서버의 경우는 국내 이용자만을 대상으로 한 것이지 전체 인터넷에 대한 연결성을 얻기 위한 것은 아니기 때문이다. 그러나 법원은 원고인 넷플릭스가 "스스로의 판단과 선택으로 피고(SKB)를 통해 전세계 각 종단으로 트래픽을 송신하지 않고 있을 뿐이므로" SKB가 전 세계적 연결성이 보장된 접속을 넷플릭스에 제공하지 않았다고 보기 힘들다고 판단했다.

그러나 이런 해석은 논란의 여지가 있다. 넷플릭스의 캐시 서버와 연결됨으로써 SKB 역시 해외 ISP에의 중계 접속 비용을 절감할 수 있는데, 이는 국내 ISP와의 연결에서는 존재하지 않는 측면이기 때문이다.

심지어 상황에 따라 CP가 아니라 망 사업자가 대가를 지급하며 캐시 서버의 설치를 요구하는 경우도 있을 수 있다. 이용자들이 선호하는, 콘텐츠에 대한 양질의 제공이 ISP 자신들에 이익이 된다고 판단한다면 말이다. 따라서 '연결에 대한 대가'를 지급할 의무가 CP에만 있는 것처럼 법원이 인식한 것은 문제라고 할 수 있다.

넷플릭스의 캐시 서버가 SKB에 연결된 것은 '접속'이 아니라 '전송'이고 따라서 무상으로 제공돼야 한다는 넷플릭스 측의 주장에도 동의하기는 힘들다. 넷플릭스가 미국에 위치한 원래의 서버에서 콘텐츠를 제공하는 것이나 캐시 서버를 SKB 네트워크에 직접 연결해 콘텐츠를 제공하는 것이 모두 '전송'으로서 마찬가지라는 것인데, 그렇다면 넷플릭스는 캐시 서버를 운영할 이유가 없기 때문이다.

따라서 법원이 '연결에 대한 대가' 의무를 인정한 것은 타당하다. 다만 국내 CP의 접속료와 캐시 서버의 '연결에 대한 대가'(상호 접속 비용[peering fee]이라고도 할 수 있다)의 차이를 인식할 필요가 있다.

발전적 논의를 위한 단상

법원의 판결에 비춰볼 때 SKB 등 통신사나 국회의원들이 여론몰이를 하는 것처럼 넷플릭스가 망에 '무임승차'했다고 보는 것은 과도한 표현이다. 캐시 서버 연결은 모두에게 '윈 윈'이 되는 방식이며 이에 수반되는 비용을 어떻게 부담할지는 결국 협상에 달려 있기 때문이다.

이번 사안을 해외 CP에 대한 국내 CP의 역차별로 보는 시각도 적절하지 않다. 국내 CP가 전 세계적 연결성을 얻기 위해 ISP에 접속하는 것과 해외 CP의 캐시 서버가 국내 ISP와 상호 접속하는 것은 다르기 때문이다. 여전히 일부 언론은 국내 CP는 수백억 대 망 사용료를 내는데 해외 CP는 내지 않는다는 식의 관점을 보이고 있다. 그런데 재미있는 것은 국내 CP들은 오히려 '망 무임승차 방지법'에 반대하고 있다는 점이다. 그 법안이 오히려 (국내외를 막론하고) CP에 대한 망 사업자의 권한을 강화할 수 있다고 보기 때문이다.

구글이 법안에 반대하며 창작자의 이익을 내세우는 것은 가소로운 일이다. 구글은 최근 부당한 인앱 결제 정책을 시행해 창작자 집단인 대한출판문화협회로부터 소송을 당하지 않았나. 천문학적 수익을 올리는 구글이 일정하게 망 비용을 부담한다며 이를 창작자에게 전가한다는 것도 그다지 현실적인 말로 들리지는 않는다. 사업 운영 방식을 변경해야 할 수도 있다는 언급은 사실상 협박으로 느껴진다. 창작자에게 비용이 전가될 수 있다는 구글의 협박이나 CP가 더 많은 비용을 부담하지 않으면 개인 이용자가 망 비용을 더 부담할 수 있다는 통신사의 협박이나 도긴개긴이다. 이들이 이용자의 이익 저해 행위를 마음대로 할 수 있게 하는 독점이 문제다.

건설적인 토론을 위해서는 관련 개념부터 합의할 필요가 있다. 망 사용료를 둘러싼 여러 논자(전문가, 이해관계자, 언론, 국회의원 등)가 명확한 구분 없이 접속료, 망 사용료(망 이용료), 망 이용 대가라는 개념을 사용해 혼란이 증폭되고 있다.

예컨대 어떤 언론 기사는 '국내 통신사를 통해 흐르는 유튜브나 넷플릭스 트래픽의 점유율이 높지만 망 사용료를 지불하지 않는다'

고 한다. 국내 CP처럼 접속료를 지불해야 한다는 것인지, 국내 통신사와 직접 연결돼 있지 않아도 망 사용료를 지불해야 한다는 것까지 의미하는지, 아니면 직접 연결돼 있으면 캐시 서버일지라도 일정한 비용을 CP가 지불해야 한다는 것인지 그 뜻이 모호하다. 통신사는 의도적으로 국내 CP가 내는 접속료와 해외 CP의 캐시 서버의 상호 접속 비용을 구분해 얘기하지 않고 '망 사용료' 혹은 '망 이용 대가'라는 말로 뭉뚱그린다. 또 해외 CP는 캐시 서버가 국내 ISP와 연결돼 있고 상호 접속 비용에 대해서는 협상이 필요하다는 점을 언급하지 않고, 전송에 대해 망 사용료를 부담하게 하는 것은 통행세나 마찬가지라는 얘기만을 하고 있다. 법원 역시 '망 연결에 대한 대가'임을 명확히 하면서도 판결문 곳곳에 망 이용 대가, 망 사용료 개념을 혼용하고 있기도 하다.

필자는 현재의 인터넷 구조에서 단지 망에 어떤 CP의 트래픽이 흐른다는 이유로 전송료를 내도록 할 수는 없다고 생각한다. 그리고 국내 CP가 전 세계 인터넷에 연결되기 위해 내는 접속료와 캐시 서버 연결을 위한 상호 접속 비용은 구분돼야 한다고 생각한다. 가장 대중적으로 사용하는 '망 사용료'가 도대체 무엇을 의미하는지 명확히 할 필요가 있다.

현재 발의돼 있는 법안의 표현 역시 명확하지 않은 것은 마찬가지다. 예컨대 윤영찬 의원이 대표 발의한 전기통신사업법 개정안(의안번호 17317)의 경우 "정보통신망의 이용 또는 제공 등에 관해 불합리하거나 차별적인 조건 또는 제한을 부당히 부과하는 행위" 등의 표현을 사용하고 있는데, 여기서 망의 이용 또는 제공이 접속료를 의미하는지, 상호 접속 비용을 포함하는지 모호하다. 불합리하거나 차별적인 조건을 판단하는 기준은 무엇인지도 모호하다. 이런 상황에서는 각 이해관계자들의 불안한 상상력이 극대화될 수밖에 없다.

넷플릭스와 SKB의 분쟁은 결국 사업자 간 협상의 문제인 것처럼 보인다. 다만 사업자 간에 협상력의 차이가 있기 때문에 공공 정책적 차원에서 지배적 사업자의 횡포를 방지하고 공정한 협상을 위한 조건을 어떻게 만들지를 고민할 필요가 있다.

그러나 문제는 그렇게 단순하지 않다. 아마도 SKB는 넷플릭스와 구글에 비해 자신들이 협상력이 부족하니 빅테크의 망 사용료 의무화 법안을 통해 협상력을 높이는 데 도움을 달라는 것으로 보인다. 그러면서 자신들이 국내 CP, 특히 중소 CP에 대해서는 협상력의 우위를 바탕으로 부당하고 차별적인 대우를 해왔다는 비판을 받아왔음은 무시한다.

이해관계자의 주장이 얼마나 정당한지 판단하려면 객관적 사실관계를 파악할 수 있게 좀 더 투명해질 필요가 있다. 현재로서는 대부분 협상이 비밀로 취급돼 서로의 주장밖에 남는 게 없기 때문이다. 국회에서 법을 제정한다면 이런 투명성을 확대하는 내용을 중심에 둘 필요가 있다.

유일하게 한국만이 시행하고 있는 정책인 종량제 방식의 상호 접속 비용 정산 방식이 인터넷 생태계에 바람직한 영향을 미치는지, 어떻게 보완돼야 하는지도 검토할 필요가 있다. 더 나아가 국제적인 상호 접속 비용 정산 방식과도 연계돼 있으므로 국제적 차원의 정책과도 연계해 고민해야 한다. 쉽지 않은 문제이지만 이번 분쟁에서 우리가 고민해야 할 것은 공정하고 공공적인 인터넷 망의 연결과 비용 정산 구조를 어떻게 만들까 하는 것이다. 우리가 중심으로 삼아야 할 가치는 이용자가 부당한 제한 없이 자유롭게, 안정적으로, 저렴하게 통신 서비스를 이용할 수 있게 하는 것이다.

서울중앙지방법원 민사20부(재판장 김형석) 2021.6.25. 선고 2020가합533643 판결

강제동원 문제 해결이 국익을 손상시킨다?

강제동원 피해자와 유족들이 제기한
손해배상 청구소송에 대한 각하 판결

전범진 변호사(변호사 전범진 법률사무소)

2021년 6월 7일 서울중앙지방법원은 사건에 대해 다음과 같이 각하 판결했다.

이번 판결은 2018년 대법원 전원합의체 판결(2018.10.30. 선고 2013다61381)에서 나온 반대의견이자 소수의견, "청구권협정 제2조에서 규정하고 있는 '완전하고도 최종적인 해결'이나 '어떠한 주장도 할 수 없는 것으로 한다'라는 문언의 의미는 개인 청구권의 완전한 소멸까지는 아니더라도 '대한민국 국민이 일본이나 일본 국민을 상대로 소로써 권리를 행사하는 것은 제한된다'는 뜻으로 해석하는 것이 타당하다"라고 한 것을 기본 맥락으로 한다.

즉 재판부는 "(청구권협정의) '어떠한 주장도 할 수 없는 것으로 한다'라는 문언의 의미는 결국 '대한민국 국민이 일본이나 일본 국민을 상대로 소로써 권리를 행사하는 것이 제한된다'는 뜻으로 해석할 수밖에 없다"고 판단했다.

또 "강제징용 피해자들의 위자료 청구권을 인정한 대법원 2018. 10.30. 선고 2013다61381 전원합의체 판결 등은 (…) 국내법적 해석에 불과한 것으로, 합의에 이른 '조약'에 해당하는 청구권협정의 '불이행'을 정당화할 수는 없는 것이므로, 대한민국은 국제법적으로는 청구권협정에 구속된다"고 했다.

이번 판결은 원고들의 청구를 인용하는 본안 판결이 선고·확정되고 강제집행까지 마쳐져 피고들의 손해가 현실화될 경우 대한민국이 국제사회에서 여러 차원의 압박을 받을 수 있고, 국제재판소에서 패소하는 경우 대한민국 사법부의 신뢰는 치명적 손상을 입고 세계 10강에 들어선 대한민국의 문명국으로서의 위신 또한 추락하리라고 판시했다.

더 나아가 자유민주주의라는 헌법적 가치를 공유하는 서방 세력의 대표 국가들 중 하나인 일본과의 관계가 훼손되고 이는 결국 한미 동맹으로 우리의 안보와 직결돼 있는 미국과의 관계 훼손으로 이어져 헌법상의 '안전보장'을 훼손하고, 사법 신뢰가 떨어져 헌법상의 '질서유지'를 침해할 가능성을 배제할 수 없다고 했다.

결국 이 사건 "강제집행은 국가의 안전보장과 질서유지라는 헌법상의 대원칙을 침해하는 것으로 권리남용에 해당해 허용되지 않고, 결국 이 사건 피해자들의 청구권은 소구할 수 없는 권리에 해당한다"고 했다.

그러나 이번 판결은 다음과 같은 이유로 2018년 대법원 판결의 취지 등을 무시한 판결이다.

강제동원 피해자들은 소송을 제기할 권리가 있다

2018년 대법원 판결은 "청구권 협정문이나 그 부속서 어디에도 일본 식민 지배의 불법성을 언급하는 내용이 전혀 없으므로 청구권협정 제2조 1.에 샌프란시스코 조약 제4조(a)의 범주를 벗어나는 청구권인 식민 지배의 불법성과 직결되는 청구권이 포함된다고 보기는 어렵고, 청구권협정 제1조의 돈은 기본적으로 경제협력의 성격이었고 청구권협정 제2조와 제1조 간에 법률적인 상호 관계는 없고, 협상 과정에서 12억 2000만 달러를 요구했는데도 3억 달러만 대한민국이 받은 상황에서 개인들의 위자료 청구권이 청구권협정의 적용 대상에 포함되기는 어렵다"고 판시해 강제동원 피해자들이 위자료 청구권을 행사해 소송을 제기할 수 있음을 분명히 했다.

이번 판결이 근거로 삼은 부분은 당시 대법원 판결의 소수의견에 불과하다.

대한민국이나 청구권협정에 구속되지 않는다

대법원은 이미 2012년 5월 24일(2009다68620) 판결에서도 불법행위로 인한 강제동원 피해자들의 손해배상 청구권에 대해서는 청구권협정이 적용되지 않는다고 판단했고, 2018년 대법원 판결에서 역시 "개인들의 위자료 청구권이 청구권협정의 적용 대상에 포함되기는 어렵다"고 판시했다.

즉 청구권협정의 적용 대상이 아닌 개인들이 위자료 청구권을 소로써 행사하는 것에 대해, 대한민국이나 청구권협정에 구속되지도 않을 뿐 아니라 이를 감안할 필요도 없다.

이번 판결도 2018년 대법원 전원합의체의 법정의견과 달리 판단해야만 하는 현저한 사정 변경이 있지 않는 한 당시의 판결에 따라 판결하는 것이 타당한 것이다.

또 비엔나협약 제27조는 '어느 당사국도 조약의 불이행에 대한 정당화의 방법으로 그 국내법 규정을 원용해서는 안 된다'고 규정하고 있을 뿐이다. 2018년 대법원 판결은 청구권협정에 대한 해석을 원용한 것이지 국내법 규정을 원용해 청구권협정의 불이행을 정당화하고 있는 것이 아니다.

그뿐만 아니라 2005년 8월 26일 민관공동위원회에서 밝힌 바와 같이, 대한민국 정부는 국가 권력기관이 관여한 반인도적 불법행위와 관련한 개인의 손해배상 청구권은 청구권협정에 포함되지 않았다는 입장을 밝히고 그 입장을 유지해왔다. 이는 국제법상의 '묵인'에 해당해 국제법상 금반언의 원칙에 위배된다고 보기도 어렵다.

또 '위안부' 생존자 배상금 강제 추심을 목적으로 한국 내 일본 재산을 공개하라는 재산명시 신청사건(2021카명391)에서도 해당 재판부는 생존자들의 청구권이 한일 청구권협정의 적용 대상에 포함되지 않으며 비엔나협약 제27조에 반하지 않는다고 명시한 바 있다.

국가 안전보장과 질서유지를 위해 법률 효력인 조약으로
소권을 제한할 수는 없다

이번 손해배상 판결은 "국제재판소에서 패소해 손해배상 책임을 부담하는 등의 경우 대한민국 사법부의 신뢰에 치명적 손상, 세계 10강에 들어선 대한민국의 문명국으로서의 위신 추락, 자유민주주의라는 헌법적 가치를 공유하는 서방 세력의 대표 국가들 중 하나인 일본국과의 관계가 훼손되고 이는 결국 한미 동맹으로 우리의 안보와 직결되어 있는 미합중국과의 관계 훼손으로 이어져 헌법상의 '안전보장' 훼손, 사법 신뢰의 추락으로 헌법상의 '질서유지'를 침해할 가능성을 배제할 수 없다"라고 했다.

그러나 본안 판결에서는 본안 판단의 대상만이 심리되고 선고돼야 하고, 강제집행의 위법성 문제는 본안 판결이 선고·확정된 뒤에 다투어야 하는 것이다. 본안 판결을 하며 장래의 강제집행의 위법성 때문에 본안 판결을 인정할 수 없다는 논리를 내세우는 것은 이해할 수 없다.

만일 본안 판결에서 강제집행의 위법성을 판단할 수 있다고 할지라도, 판결에서 "우리 대법원이 국내법 사안에서 강제집행의 권리남용 해당 여부에 관해 엄격히 판단하고 있다"라고 스스로 인정하는 점을 감안하면 과연 그렇게 쉽게 강제집행의 권리남용을 인정해야 하는지도 의문이다.

사법부가 정해주는 대한민국의 외교정책?

또 '국제 재판의 고도의 불가 예측성'을 감안하면 대한민국이 국제재판소에서 승소할 가능성도 배제할 수 없다. 이번 판결은 지나치게 대한민국이 패소할 가능성을 높게 잡고 있는 오류가 있다.

일본 및 미국과의 관계 훼손으로 이어져 헌법상의 안전보장이 훼손된다는 주장은 논리 비약이다. 이는 오히려 비법률적인 판단이다. 패소하게 되더라도 과연 그 때문에 국가의 안전보장이 훼손되는지는 의문이다. 이번 판결은 대한민국의 외교 관계가 대일 동맹과 대미 동맹으로 고정되고 영원히 지속된다는 모순에 빠져 있다. 아울러 사법부에서 고도의 정치적 행위인 외교에 대해 국가원수나 외교부 등 행정부의 권한을 침범해 대일 동맹과 대미 동맹으로 대한민국의 외교 관계를 고정하는 것은 국익을 위해서도 자제돼야 할 것이다.

　법적 의무를 부담해야 하는 강제동원 가해 기업들이 장기간 해태하고 역으로 일본 정부가 나서 외교적 공격을 하는 상황에서 사법부가 오히려 그런 부당함의 원인을 확정판결로 권리를 인정받은 피해자들에게 돌리고 있다. 피해자들의 권리 행사가 대한민국을 위태롭게 만든다며 권리남용이라고 낙인을 찍는 것이다.

　강제징용 사안, 영유권 주장 사안, '위안부' 사안은 오히려 국가 독립과 영토 보전, 헌법과 법률의 규범력과 헌법기관의 유지 등 국가적 안전의 확보라는 '국가 안전보장'과 국민의 인권에 관련된 사안들로 대한민국이 적극적으로 이의 보장을 위해 최선의 노력을 기울여야 하는 일이다. 대한민국이 이런 사안들에 대한 노력을 경주하지 않고 이번 판결이 말하는 국제 관계의 경색이나 국격 및 국익의 치명적 손상을 이유로 이를 소홀히 한다면 국가의 임무를 다하지 못하는 것이 된다.

서울중앙지방법원 민사34부(재판장 김양호) 2021.6.7. 선고 2015가합13718 판결

난민이라고 이산가족?
더 이상 당연하지 않다

이란 출신 미성년 아들을 둔 A씨의 난민 불인정 결정 취소 소송

이일 변호사(공익법센터 어필)

난민 A씨가 있다. 아들과 함께 살면서 한국에서 새로운 종교를 신앙하고 활동하게 됐다. 개종 자체를 일종의 체제에 대한 근본적 반역으로 이해하고 봉쇄하는 본국, 그래서 사형에도 처할 수 있는 국가로는 돌아갈 수 없게 됐다. 그는 피난처가 된 한국 정부에 자신을 송환하지 말고 한국에 살 수 있게 해달라고 난민 신청을 했다.

그의 사연은 2018년 아들 민혁군의 중학교 친구들이 '내 친구가 공정한 난민 심사를 받을 수 있게 해달라'며 청와대 국민청원 및 1인 시위를 하기 시작하며 국내외 언론을 통해 널리 알려졌다. 머나먼 곳의 건조한 사건이 아니라, '친구'와 '우정'의 사연을 가진 난민이 한국 사회에 처음 출현한 바로 그 가족의 얘기다.

2016년부터 한국 정부를 절박하게 두드린 가족에게 그 문은 한 차례 소송과 재신청을 거쳐 민혁군에게 2018년 10월 난민 지위 인정으로 열렸다. 그러나 A씨에게는 개종한 종교에 대한 지식이 부족하다며 법무부는 이를 부정했다. 아버지만 사지로 돌려보내고 아들 혼자 한국에서 살 수 있을까?

난민 신청을 거부당한 A씨는 다시 행정소송을 제기했다. 서울행정법원은 '개종 사실은 믿을 수 있고', '본국에도 널리 알려졌으며', '가족이 함께 살아갈 권리, 즉 가족결합권에 따른 인도적 요청에 따르더라도 난민 지위가 인정돼야 한다'며 법무부의 판단이 위법하다고 선언했다. 그 이유 중 세 번째 부분, 즉 가족결합권의 근거와 내용에 대한 명시적 판단이 이번 판결이 갖는 핵심적 의의다. 난민 가족은 함께 살아가야 한다는 것.

가족이 같이 살아갈 권리, 그것은 인간의 기본적 권리다. 서로 사랑하는 가족이 존재하는 한 여기에 어떤 이의가 있을 수 있을까, 이게 왜 문제가 될까 의아할 수도 있다. 보통의 일상생활에서는 굳이 말하지 않아도 가족은 같이 살아가기 때문이다. 어쩌면 전쟁과 강제 이주 같은 맥락이 없는 평범한 사회에서는 오히려 원치 않은 가족과 서로 '떨어질 권리'가 더 문제 될지도 모른다.

그러나 강제 이주 상태에 놓인 난민들의 경우는 상황이 다르다. 가족이 같이 살아갈 권리가 각국의 경계와 출입국 행정에 의해 실질적으로 침해되고 있다. 따라서 이미 존재하는 권리를 난민들에게는 명시적으로 개념화해 '가족결합권'이라고 불러왔다. 난민들은 가족이 각 국가의 경계 속에 뿔뿔이 흩어져, 만나고 싶어도 만나지 못하고 헤어져 있는 경우가 있고, 같은 공간에 있어도 서로 그 법적 지위가 달라 함께 살아갈 근거를 확보하지 못하고 추방의 위기에서 헤어지게 되는 경우도 있다. 그 상태가 바로 가족결합권에 대한 중대한 인권 침해가 된다.

전자의 예로는 한국에서 인도적 체류 허가를 받았던 3000여 명 시리아 및 예멘 난민들을 들 수 있다. 전쟁과 박해를 피해 가족 구성원 중 한 명이 한국에 와 쫓겨나지 않을 지위를 얻었지만, 가족들을 데려올 수는 없다. 왜냐하면 법무부가 '가족결합권에 의한 난민 인정'은 오로지 '난민 인정자'에게만 가능하다고 하기 때문이다. 자녀를 비롯한 가족들과 생이별한 상태에서 여권이 만료되면 그들을 만나러 나갈 수도, 그들을 데려올 수도 없는 것이 '이산가족'인 난민의 처지다.

굳이 표현하자면 '난민이 가족과 함께 살 수 있는 가족결합권'이 누구에게 주어지는지가 문제인데, 법무부는 '난민'은 되지만 '준난민(난민 지위를 받지는 않았지만 인도적 체류 허가를 받은 사람)'은 안 된다고 한다. 전쟁터에서 온 난민은 가족과 함께 살 권리가 없나? 왜 차별해야 할까?

최근 매년 50여 명도 되지 않는 소수가 심사 절차를 통해 난민 지위를 확인받지만 그때도 행정 절차 문제로 헤어진 가족을 다시 만나기 어려운 경우가 많다. 더욱이 그 가족의 범위도 법무부는 '배우자 및 미성년 자녀'에만 해당된다고 해석하고 있기에 실질적으로 부양하는 부모나 성년에 갓 진입한 자녀를 데려올 방법이 없다. '가족'에 누가 들어가는지를 따지는 문제다. 심지어 체류 자격도 별도로 부여하고 그 권리도 다르다고 한다. 누구는 일할 수 있고 누구는 일할 수 없다고 한다. 한국 안에서도 서로를 찢어놓는다. 왜 그럴까?

이번 사건에서도 법무부는 마찬가지 태도를 보였다. 간단히 말해 민혁군은 한국에서 난민으로 살 권리가 있더라도 아버지는 추방돼야 한다는 얘기였다. 아버지는 난민으로 보기 어렵고 가족결합권도 난민법에 따르면 '부모'에 대해서까지는 적용하기 어려우니 난민 지위를 인정받은 민혁군이 '아버지와 함께 살 권리'를 요구할 수는 없다는 것이다.

기교적이고 선뜻 이해하기 어려운 법무부의 이런 판단의 근거를 찾자면 난민법에서 정하고 있는 '배우자 등의 입국 허가'(난민법 제17조)뿐이다. 난민법에 따르면 난민 인정자의 배우자와 미성년 자녀에게만 입국이 허가되니, 그것이 가족결합권의 근거이고 부모는 그 '혜택'을 받을 수 없다고 법무부는 생각해온 것이다.

이처럼 법무부가 난민으로 인정해 보호해야 할 사람이 '함께 살 것'을 권리로서 요구할 권리의 내용을 결정할 수 있을까? 법무부가 난민 지위를 획득한 사람의 '가족'이 누구인지, '가족의 범위'가 어디까지인지를 임의로 정해 서로를 찢어놓고 이산가족 상태에 방치할지 말지를 결정할 수 있을까? 가족결합권의 근거가 과연 난민법 제17조일까?

이번 판결에서 법원은 아니라고 했다. 난민의 가족결합권의 근거를 난민법 제17조가 아니라 '혼인과 가족생활을 형성할 자유와 제도를 보호하는 헌법 제36조 제1항과 혼인의 자유에서 파생되는 가족결합권'에서 찾았다. 대한민국 헌법이 '가족'이 함께 살 권리를 이미 보장하고 있다는 것이다. '난민의 지위에 관한 1951년 전권대사 회의 권고안', '유럽연합 회원국들의 가족재결합에 대한 지침'도 참고할 만한 근거로 들었고, '미성년자인 자녀에게 부모와 함께 살 가족결합권을 인정하지 않을 경우' 결국 자녀도 부모와 함께 송환을 강요당할 수 있는 부당한 결과가 나온다고도 했다. 그래서 가족결합권이 있는데 난민의 지위를 인정하지 않은 것은 위법하다고 했다. 타당한 판결이면서 동시에 너무나 당연한 판결이기도 하다.

원래 가족결합권은 난민법에서만 나오는 것이 아니다. 사실상 국제관습법으로 인정되는 세계인권선언 제16조에도, 이른바 자유권 규약 제23조에도 존재한다. 각국의 헌법도 이를 인정한다. 국내 판례도 예전에는 사실 이런 태도를 취했다. 예컨대 "가족은 사회의 자연적이고 기본적인 단위 집단으로서 사회와 국가의 보호를 받을 자격을 가지므로, 가족 결합 원칙에 따라 부양가족에게도 난민의 지위가 인정돼야 한다"(인천지방법원 2020.2.7. 선고 2019구합50636 판결) 같은 경우다. 난민의 가족결합권은 법무부가 임의로 정하는 것도, 난민법 제17조에서 나오는 것도 아닌 것이다.

우리나라 헌법을 통해 본 가족결합권의 정의

그렇다면 이번 판결의 근본적인 질문과 의의가 나온다. 난민법 제17조의 협소한 정의에만 매달리는 법무부와 달리 가족결합권의 근거를 좀 더 근본적인 헌법 제36조 제1항에서 찾는다면 '난민 인정자'에게만 가족결합권이 있을까? 아닐 것이다. 난민협약이 아니라 고문방지협약에 따라 보호받는 준난민, '인도적 체류자'에게도 있을 것이다. 그리고 가족결합권은 '미성년자의 부모'에게만 인정될까? 성년이 되어 부모를 부양해야 할 때 부모와 같이 살 가족결합권이 없을까? 이번 판결은 우선은 '미성년자의 부모'라고 언급하기는 했으나, 그렇게 제한된다고 한계를 짓는 판결이라고 보기는 어렵다.

2010년부터 한국에 살아온 A씨와 민혁군에게 드디어 11년이 지나서야 한국에서 평화롭게 살아갈 길의 단초가 열렸다. 그리고 이번 판결은 A씨의 가족에게만 문을 연 것이 아니라, 같은 처지에 있는 수많은 난민이 '이산가족'으로 살아가거나 그렇게 찢어져 추방되는 것을 방치해온 법무부에 새로운 답변을 요구하고 있다.

그동안 법무부의 협소한 판단에 따라 난민 가족들이 찢겨가면서 수많은 문제와 비극들이 생겼다. '난민의 사회적 자리를 가능한 한 축소하고 한 뼘씩'만 천천히 넓히려고 해왔기 때문이다. '2등 시민'에 머물더라도 추방되지 않으면 감지덕지해야 하지 않느냐는 식의 시혜적 사고에 머물러 있었기 때문이다.

사회적 소수자 중 하나인 난민의 입장에서 그들의 권리를 진지하게 고민하고 사회적 자리를 찾아가며 문제를 풀어가면 답은 간단하다. 난민도 가족과 함께 살아갈 권리가 있다. 한국 국민이 분단 체제에서 살면서 만날 수 없는 이산가족을 애달파한다면, 한국 사회 속에서 이산가족으로 살아가는 난민의 고통도 차별 없이 공감해야 한다. 이제 가족결합권의 범위와 주체를 헌법과 국제인권법에 맞게 운영해야 한다. 법무부가 법원의 판단을 존중하며 따르는 것 외에 다른 답은 없다. 시간은 도래했다. 너무나도 당연한 난민들의 고통 호소에 귀를 막지 말고 응답할 시간이.

서울행정법원 행정5단독(이새롬) 2021.5.27. 선고 2020구단19418 판결

2021

정치자금 민주적 운영에 필수적인, 수입·지출의 투명성과 공개성

정치자금 회계 보고 3개월 열람 제한 위헌 결정

유성진 교수(이화여대 스크랜튼학부)

2021년 5월 27일 헌법재판소는 정치자금의 수입과 지출 등 회계 보고된 자료의 열람 기간을 3개월간으로 제한한 '정치자금법 제42조 제2항'을 국민의 알 권리를 침해한다는 이유로 위헌 판정했다. 이번 결정은 정치자금의 민주적 운영에 필수적인, 수입과 지출 공개를 강화한다는 측면에서 환영할 만하다.

현행 정치자금법은 정당과 후원회 등의 회계 책임자가 회계장부에 모든 정치자금의 수입과 지출에 관한 사항을 기재하도록 의무화하고 있으며(제7장 제37조), 정해진 기한까지 관할 선거관리위원회에 정치자금의 수입과 지출에 관한 회계 보고를 하도록 요구하고 있으나(제7장 제40조), 그 구체적인 내용과 규정이 정치자금의 투명한 공개라는 취지에는 부합하지 못했었다. 특히 신고된 정치자금의 열람과 공개에 대해 제7장 제42조 제2항은 정치자금 정보의 공개를 공고일로부터 3개월간으로 제한하고 그 기간 이외에는 공개를 금지하고 있어 실제 정치자금의 투명한 공개를 저해하는 독소 조항이었다. 결정문에 명시되어 있듯이 짧은 열람 기간은 유권자들이 "회계 보고된 자료를 충분히 살펴 분석하거나 문제를 발견할 실질적 기회를 갖지 못하게" 해 정치자금의 공개 취지에 부합하지 못했다.

표현의 자유 vs. 정치 불평등

대의민주주의를 표방하는 대부분 국가에서 정치과정의 중심적 행위자는 정당이다. 정치권력 획득을 목표로 하는 정당은 조직을 구성하고 구성원들을 교육시키는 동시에 선거에서 소속 후보를 당선시키기 위해 선거운동을 지원하는데 이런 활동에는 당연히 비용이 든다. 이런 현실적인 이유 때문에 대부분 국가에서는 민주주의를 운영하는 데 비용이 소요된다는 점을 인정하고 이를 조달하는 것을 허용하고 있다.

이런 현실적인 이유보다도 민주주의 정치체제에서 정치자금에 대한 정당성을 제공하는 좀 더 중요한 원칙은 표현의 자유 보장이다. 민주주의 공동체의 구성원은 누구나 스스로의 의사를 자유롭게 표현할 권리를 가지며 정치 영역 역시 여기서 예외가 아니다. 이런 관점에서 보면, 정치자금 기부는 정당 또는 후보에 대해 공동체 구성원이 갖는 정치적 지지의 한 표현이며 당연히 보장돼야 할 개인의 권리가 된다.

그러나 한편으로 과도한 정치자금 지출은 공직을 돈으로 사는 결과를 낳을 뿐 아니라 정치자금 기부의 차이가 국민의 정치적 영향력에서 불균등을 초래한다. 이는 결국 정부의 정책 결정 과정에 비대칭적 영향력으로 이어진다는 점에서 비판되기도 한다. 결국 돈을 중심으로 하는 정치를 낳게 되어 평등을 전제로 하는 민주주의의 기본 원칙을 훼손한다는 규범적 차원의 비판이다.

이렇게 정치자금을 둘러싼 논란은 '유권자 표현의 자유 보장'과 '정치적 불평등에 대한 우려' 사이에서 균형을 어떻게 찾을지 하는 문제로 집중된다.

한편으로 표현의 자유에 집중하는 입장에서는 정치자금 모금을 규제하는 어떠한 행위도 개인의 자유를 침해하는 것이 되기 때문에 기부의 주체와 규모, 지출에 관한 규제에 반대한다. 단적으로 이런 입장에서는 정치자금의 모금과 지출을 정당과 후보의 재량에 맡기는 경향이 크다. 그러나 정치자금에서 표현의 자유의 과도한 보장은 부정부패와 정경유착 같은 부정적 결과를 초래할 여지를 제공한다.

다른 한편으로 정치자금이 가져올 수 있는 정치적 불평등을 우려하는 이들은 모금과 지출에 철저한 규제가 필요하다고 강조한다. 이런 관점에서는 정치자금 모금의 주체와 방식, 기부 주체 등에 대해 세세한 규정을 통해 제약하며 특정 이익집단·단체의 기부를 금지하는 모습을 보인다. 규제를 통해 정치자금을 축으로 경제적 불평등이 정치적 불평등으로 이어질 가능성을 차단한다는 입장이다. 그러나 과도한 규제는 선거와 정치 과정에서 정당, 후보, 유권자들 간에 나누는 상호작용을 약화하고 종국에는 유권자들이 선거 과정에 관여할 여지를 줄여 정당정치 전반을 약화하는 결과로 이어진다.

투명성과 공개성 강화

결국 대의민주주의에서 불가피한 정치자금의 민주적 운용은 유권자의 표현의 자유와 정치적 평등, 양자 간에 적절한 조화를 찾는 데에 달려 있다. 즉 유권자의 표현의 자유를 최대한 보장하고 정당과 후보, 유권자들 간 연계를 강화해 정당정치의 활성화를 꾀하면서도 정치적 불평등의 우려를 최소화할 방안을 강구하는 것이다.

여기에서 중요한 것은 정치자금 수입과 지출에 대한 규제를 최소화하려는 노력을 지속하며 자칫 나타날 수 있는 부패의 고리를 미연에 방지할 장치를 마련하는 것이다. 그리고 이를 위한 현실적 방안은 정치자금 수입과 지출을 정당과 후보의 자율에 맡기되 일정 부분 국고에 대한 보조를 더하고 구체적인 수입과 지출에 관한 내역을 시의적절하고 투명하게 유권자들에게 알리는 것이다.

우리나라의 정치자금 제도는 민주화 초반에 권위주의 시기의 부정적 폐해를 일소하기 위한 노력으로 공정성에 초점을 둔 규제 중심 제도를 만드는 데 집중했다. 그러나 이런 규제가 유권자의 표현의 자유를 과도히 침해하고 정당의 정상적인 재정 활동을 저해한다는 비판 속에 2015년 12월 헌법재판소의 헌법불합치 결정(2013헌바168)을 받으며 새로운 국면을 맞이했다. 헌법재판소의 결정으로 정당후원회가 부활하게 됐고, 이후 정치자금 모금에서 정당과 후보의 자율성이 높아지면서 그 수입·지출의 투명성·공개성 강화가 당면 과제로 대두된 것이다.

국민의 알 권리에 대한 보장은 표현의 자유만큼 중요하며, 정치자금의 투명한 공개는 '참여의 불평등에 따른 정책 결정 왜곡'이라

는 그 규범적 문제점을 실제 운영 과정에서 방지할 수 있는 수단이
된다.

미국의 경우

이런 정책적 목적에서 미국의 사례는 참고할 만하다. 미국의 정
치자금 제도는 흔히 다른 나라에서 발견되는 것과 같은 정치자금
모금 및 지출에 대한 총액 규제가 존재하지 않을 뿐 아니라 기부 주
체와 모금 방식에서도 규제가 거의 없다. 이는 정치적 지지 표현이
라는 개인의 표현의 자유를 극대화하는 것이 미국 정치자금 제도의
핵심적 가치임을 보여준다. 그러나 이런 제도는 앞서 논의한 대로
자칫 사회경제적 차원의 불평등이 정치적 차원의 불평등으로 이어
질 개연성을 다분히 갖게 된다.

이런 규범적 문제가 있는데도 미국의 정치자금 제도가 지속될 수
있는 이유는 투명성의 확보에 있다. 미국의 정치자금 제도는 표현의
자유만큼이나 정보 공개와 국민의 알 권리 보장을 강조해 일찍부터
기부 내역 및 기부자 신원 공개, 지출 내역 및 지급 대상자 신원 공
개 제도를 채택해왔다. 그리고 이에 대한 시민단체의 감시 역시 활
발히 나타나고 있다.

이렇듯 미국에서 정치자금 규제를 둘러싼 논란은 정치적 부패를
방지하기 위한 투명성 확보와 표현의 자유 보장이라는 두 가지 가
치를 중심으로 진행되고 있다. 인터넷의 발전으로 가능해진 전자 신
고 제도는 이런 논란에 절충점을 제공하고 있다. 실제로 미국 정치
자금 제도의 최근 경향은 규제를 최소화해 표현의 자유를 최대한

보장하는 한편, 정치적 부패의 가능성을 최소화하기 위해 전자 신고 시스템을 통해 신속하고도 포괄적인 정보 공개를 의무화하는 방식으로 나아가고 있다.

현재 우리의 정치자금법에서 정치자금의 주요 쟁점인 '누가 누구에게 얼마를 기부하고 어떻게 사용됐는지'를 파악하기란 쉽지 않다. 당연히 해당 법이 '정치자금의 적정한 제공을 보장하고 그 수입과 지출 내역을 공개해 투명성을 확보하며 정치자금과 관련한 부정을 방지함으로써 민주정치의 건전한 발전에 기여함'(제1장 제1조)을 목적으로 하고 있는데도 실질적 조항이 그런 목적 달성에 충분한지를 두고는 의문이 남는다.

우리나라는, 후보가 선거에 거의 임박해 결정되고 실제 선거운동의 범위와 기한에 대한 제약이 크기 때문에 유권자들이 후보의 면면을 정확히 아는 데에 어려움이 있다. 정치자금의 수입과 지출을 전자 신고 제도를 통해 수집하고 이를 유권자들에게 적극적으로 공개하는 것은 유권자들이 좀 더 신중한 판단을 내리는 데 도움을 줄 뿐 아니라, 정치자금에 내포된 부정적 영향인 부정부패와 불평등의 가능성을 최소화하는 역할을 한다.

이번에 위헌 결정된 정치자금법 제42조 제2항은 유권자들의 알 권리를 보장할 의미 있는 첫걸음임에는 틀림없다. 그러나 정치자금의 수입·지출 내역에 관한 사본 교부를 관할 선거관리위원회에 서면으로 신청하게 하고 그 비용을 신청자가 부담하게 해 정보에 대한 접근성을 크게 떨어뜨리고 있는 제42조 제3항, 그리고 '공개된 정치자금 기부 내역을 인터넷에 게시해 정치적 목적에 이용해서는 안 된다'고 규정해 정보의 실질적 활용과 전달을 막고 있는 제42조 제5항 역시 정치자금의 민주적 운영을 위해 적극적으로 제고할 필요가 있다.

헌법재판소 2021.5.27. 선고 2018헌마1168 결정
인용: 유남석, 이선애, 이석태, 김기영, 문형배, 이미선
반대의견: 이은애, 이종석, 이영진

멀고도 가까운
남과 북 사이의 공백

북한 기업이 남한 기업을 상대로 제기한 물품 대금 청구소송

김남주 변호사(법무법인 도담)

2021년 4월 북한 기업 등이 남한 기업들을 상대로 남한 서울중앙지방법원에 낸 소송에서 패소 판결을 받았다. 북한 기업이 남한 기업을 상대로 한 첫 국내 민사소송이라는 점에서 언론의 주목을 받았다. 하지만 판결 자체를 보면 특별히 주목하거나 비판할 점은 없어 보인다. 패소한 이유가 증거가 부족했다는 것인데 그런 이유로 패소하는 재판은 남한 기업들 간의 소송에서도 비일비재하기 때문이다. 그럼에도 이번 판결을 통해 북한을 민사소송법상 외국으로 볼 수 없는 데서 나오는 다양한 법리적 공백을 확인할 수 있었다.

사건의 내용은 이렇다. 2010년 북한 기업 '가'가 남한 기업 '라'에 전기아연을 납품했다. '가'는 납품 대금 600만 달러 중 470여 만 달러를 지급받지 못했다. 5·24조치(2010년 5월 24일 남한 정부가 천안함 사건에 대한 대응으로 발표한 대북 제재 조치)로 송금이 불가능해졌기 때문이다. '가'와 북한 대외 업무 총괄 기관 '나', 이들로부터 대금 수령 등 일체 권한을 위임받은 남한 거주 개인 '다'가 원고가 되어 남한 법원에 '라'와 '마'를 상대로 민사소송으로 납품 대금을 청구했다. '마'는 전기아연을 공급받은 또 다른 남한 기업이다.

법원은 '라'와 '마'에 전기아연을 공급하기로 한 직접적 계약 당사자는 북한 기업 '가'가 아니라 다른 회사 '바'라고 보았다. '가'와 '라' 사이에 '바'가 끼어 있었고, '바'가 단순 중개인이 아니라 계약 당사자라고 본 것이다.

이 사건에서는 남북 관계의 특수성(남북관계 발전에 관한 법률 제3조)으로 인해 본안 판단에 이르기까지 넘어야 하는 몇 가지 쟁점이 있었다.

북한 기업이 남한 기업을 상대로 제기한 소송에서
남한 법원이 재판할 권한은?

우선 남한 법원에 재판 권한이 있는지, 어느 측의 법률이 적용돼야 하는지가 문제가 됐다. 재판부는 남한 법원에 재판권이 있고 남한 법률이 적용된다고 판시했다. 북한의 특수성을 감안하면 북한에 대해 '외국'은 아니지만 '외국'에 준하는 지역으로 볼 수 있다고 했다. 이런 논리는 법원이 취하고 있는 일관된 논리다.

홍길동이 호부호형을 할 수 없는 것처럼 법원은 국가로서 실체가 있는 북한을 '외국' 또는 '국가'로 볼 수 없어 그와 비슷한 무엇이라고 관념화하고 있다. 대한민국 영토를 한반도와 부속 도서로 한다는 헌법 제3조의 영토 조항 그리고 국가보안법이 그 근거다. 그래서 남북한 사이의 법률관계는 외국과의 재판권을 정하는 국제사법을 유추해 재판 관할권과 준거법을 정할 수 있다고 한다. 이렇게 법원의 해석에만 맡겨둘 일이 아니라 국회가 북한과의 소송에서 재판권과 준거법을 정하는 법적 기준을 마련할 필요가 있다.

국가로 인정되지 않는 북한이 발급한 서류들에 대한 판단은?

다음으로 여느 남북 간 소송과 마찬가지로 북한 측을 대리하는 변호사에게 소송대리권이 있는지가 문제가 됐다. 법원은 이번 사건에서 소송대리인이 원고들로부터 적법하게 위임을 받았다고 판단했다. 그런데 법원은 소송위임장을 평양공증소에서 공증하고 이를 건네받는 장면을 촬영한 동영상을 제출한 다른 사건에서는 소송대리권이 증명되지 않았다고 판단한 사건도 있다. 이렇듯 소송대리권 증명 정도에 관한 법원의 판단은 일관되지 않다.

통상 외국인이 외국에서 국내 법원에서 진행될 소송을 위임했다면 그 나라의 제도에 따라 공증하고 아포스티유를 받으면 소송대리권에 관해 입증됐다고 보는데, 이번 판결에서 법원은 북한을 국가로 보지 않기 때문에 북한 당국의 공증과 아포스티유를 인정하지 않은 것으로 보인다. 그럴 때 소송대리권을 입증할 길이 막연해지는 문제가 생긴다. 제도적 보완이 필요하다.

소송당사자의 능력도 문제가 된다. 이번 사건에서는 문제되지 않고 당연히 있다고 전제했지만, 북한 기업 '가'와 북한 기관 '나'가 과연 소송을 제기할 당사자능력을 갖고 있는지도 문제다. 법원은 지난날 북한 당국에 대한 손해배상 소송에서 북한 당국을 비법인 사단으로 보아 소송능력을 인정한 바 있다.

하지만 북한 기업에 대해서도 소송능력이 있다고 판단할지는 미지수다. 법원은 북한을 정부로 인정하지 않는다는 전제에서 북한이 발행한 기업증명서나 북한 기업관계법을 인정하지 않을 것으로 예상된다. 그러면 북한 기업체에 대해 법인으로서의 권리능력과 소송능력을 인정하기 어렵다. 법리상으로는 일정한 요건을 충족하면 소송능력이 있는 비법인 사단 또는 비법인 재단으로 볼 수 있을 테지만 사단 또는 재단으로서 실체와 대표자 자격을 입증하기는 쉽지 않아 보인다. 이 부분도 입법적 해결이 필요하다.

국내이기는 하나, 닿을 수 없는 곳의 주소지를 가진 소송당사자가 있다면?

그 밖에 송달도 문제된다. 북한에 있는 기업이 피고일 경우 어떻게 송달할지 민사소송법에는 아무런 규정이 없다. 북한 당국과 김정은 위원장을 피고로 한 소송에서 법원은 공시송달(당사자의 주거 불명 따위의 사유로 소송 서류를 전달하기 어려울 때 그 서류를 법원 게시판이나 신문에 일정 기간 게시해 송달한 것과 똑같은 효력을 발생시키는 방법)로 송달했다.

하지만 북한은 외국이 아니므로 민사소송법에서 정한 공시송달 요건을 충족했는지 의문이다. 민사소송법에 따르면 당사자가 국내에 주소가 있다면 주소 등을 알 수 없어야 공시송달 요건을 충족하는데, 북한 당국과 기업체는 국내(한반도)에 주소가 있고 주소를 알 수 있기 때문에 이 규정에 따라서는 공시송달을 할 수 없다.

또 민사소송법에 따르면 당사자의 주소 등이 외국에 있는 경우 그 외국에서 민사소송법에 따라 송달할 수 없거나 송달하더라도 효력이 없을 것으로 인정된다면 공시송달을 할 수 있다. 하지만 북한은 외국이 아니므로 이 규정에 따라서도 공시송달이 불가능하다.

또 아무리 북한 측 당사자라고 하더라도 판결에 승복하게 하려면 재판이 진행되는 사실과 상대방 당사자의 주장·증거를 알려주고 재판 절차에서 방어할 권리를 보장해야 한다. 그런데 현재는 송달 자체를 할 수 없으므로 북한 측 당사자의 재판상 절차적 권리가 전혀 보장되지 않는 문제가 있다. 이런 문제를 해소하기 위해 남북 간 재판에 관한 합의와 국내 민사소송법 개정이 필요하다.

다음으로 소송비용 담보공탁도 문제가 된다. 이 제도는 국내에 주소가 없는 외국인이 국내에서 소송을 제기할 경우 그 상대방이 승소할 때 소송비용을 상환받을 수 있게 법원이 외국인 당사자에게 소송비용을 담보하는 금전을 공탁하도록 명령하는 제도다. 그런데 원고가 북한 기업이라 소송비용 담보공탁이 필요하지만 외국에 주소가 있다고 볼 수 없으므로 공탁을 명할 수 없는 공백이 생긴다. 입법적 개선이 필요하다.

이렇듯 남과 북 간의 소송에는 다양한 법의 공백이 존재한다. 북한이 '외국'에 해당하지 않아서 발생하는 문제들이다. 법원은 이제까지 이런 법의 공백을 북한은 사실상 외국에 준해 판단한다는 법리를 통해 해석으로 메우고 있었다. 하지만 장래 남북 교류가 활성화되면 필연적으로 소송이 늘어날 텐데, 남북 관계에 상당한 영향을 미치는 중요한 문제를 법원의 해석에만 맡겨둘 수는 없다. 이를 해

소하기 위해 남북 간 소송에 관해 남북 당국이 합의하고 남한 국내
법으로 소송 절차에 관한 특례를 민사소송법 또는 남북관계협력법
등에 규정할 필요가 있다.

서울중앙지방법원 민사27단독(김춘수) 2021.4.6. 선고 2019가단5195128 판결

2020

현 재 의 판 결 , 판 결 의 현 재

채용 면접 중 청각장애인에 대한 차별이 있었음을 인정한 2심

공무상 기밀이 유출됐지만 책임자는 사실 무근, 이태종 판사 1심 무죄 판결

고용노동부의 전교조 법외노조 통보가 위법하다는 대법원 판결

산업재해로 사망한 노동자의 유족을 특별 채용하는 내용을 담은
단체협약이 유효하다는 대법원 판결

불법 아동성착취물 판매 사이트 운영자 손정우에 대한
미국의 범죄인 송환 요청 불허 결정

점자형 선거공보 면수 제한은 공직선거법상 헌법 위반이 아니라는 헌법재판소 결정

메르스 늑장 조치 관련 삼성서울병원 과징금 부과 및
손실보상금 지급 거부처분 취소 판결

위: 헌법재판소. **사진** 연합뉴스

아래: 헌법재판소 대심판정. **사진** 연합뉴스

수차례 장애에 대해 질문하고 불합격, 차별로 인정한 판결

채용 면접 중 청각장애인에 대한 차별이 있었음을 인정한 2심

서치원 변호사(법무법인 원곡)

엉뚱한 상상을 해보자. 전 지구인을 대상으로 화성 탐사대를 꾸리는데 한국인 2명을 뽑는다는 시험 공고를 보게 된 당신. 피나는 노력 끝에 필기시험을 우수한 성적으로 통과해 면접시험만을 남겨둔 상황이다(면접시험은 영어로 진행된다고 가정하자). 그런데 면접 당일 면접관은 영어로 당신에게 "왜 한국어를 사용하느냐" "한국어를 사용하며 불편했던 점이 무엇이냐" 묻는다. 화성 탐사와 전혀 무관할 뿐 아니라 한국인으로서의 정체성을 뒤흔드는 질문에 당황한 것도 잠시. 당신이 뭐라 답할지 고민하는 사이에도 시간은 속절없이 흐르고 예정된 면접 시간은 끝이 났다. 준비한 말을 다 하지는 못했지만 그래도 잘 봤다고 애써 스스로를 위로해보지만 며칠 뒤 날아든 불합격 통지서. 불합격 사유는 의사 표현의 정확성과 논리성 부족. 한국인을 뽑기로 해놓고 한국어를 사용했다는 이유로 불합격이라는 기막힌 결과 앞에 망연자실한 당신에게 도움이 될 만한 판결을 소개한다.

원고는 청각장애인이다. 원고는 2018년도 제1회 경기도 여주 9급 일반행정 장애인 구분모집 전형에 지원했다. 원고는 2018년 5월 19일 필기시험을 치렀고 2018년 6월 25일 장애인 구분모집 전형의 유일한 필기시험 합격자로 결정됐다. 원고는 2018년 7월 13일 장애인 구분모집 전형의 면접시험(1차 면접)에 응시했고 '미흡' 평정을 받아 재시험 대상자로 분류되어 2018년 7월 18일 추가 면접시험(2차 면접)을 치렀다. 2차 면접에서도 원고는 '미흡' 평정을 받았고 피고 여주시인사위원회위원장은 2018년 7월 24일 원고에 대해 최종 불합격 처분을 했다. 이에 원고는 피고의 불합격 처분이 장애인차별금지법이 금지하는 차별에 해당한다며 불합격처분 취소 및 손해배상을 청구하는 소를 제기했다.

주요 사실관계는 다음과 같다. 첫째, 피고는 1차, 2차 면접을 실시하는 동안 장애인 응시자가 받을 수 있는 정당한 편의 제공에 관한 '공고'를 하지 않았다. 둘째, 피고는 1차 면접위원들에게 원고가 수화(손말에 의한 의사소통)나 대화(입말에 의한 의사소통)가 불가능하다는 내용을 사전에 알렸는데, 1차 면접위원들은 원고에게 장애에 관한 질문을 수차례 했다.

이런 두 가지 행위가 장애인차별금지법상 '정당한 사유 없이 장애인에 대해 정당한 편의 제공을 거부하는 경우'(법 제4조 제1항 3호), '장애인을 장애를 사유로 정당한 사유 없이 제한·배제·분리·거부 등에 의해 불리하게 대하는 경우'(법 제4조 제1항 1호)에 해당하는지가 이 사건의 쟁점이다. 이 쟁점에 대해 1심과 2심은 상반된 판결을 했다.

1심은 피고가 면접시험을 실시하는 과정에서 편의 제공에 관한 '공고'를 하지 않았지만 원고의 어머니를 통해 요청받은 편의 제공을 다 해주었으므로 비록 절차상 하자는 있다 하더라도 사소한 것에 불과하고 그로 인해 원고가 불이익을 당한 바도 없어 장애인차별금지법을 위반했다고 보기 어렵다고 판결했다(절차 위법의 행정행위 치유 인정). 또 원고의 장애에 관한 질문에 대해서는 면접시험의 특성상 면접위원은 고도의 교양과 학식, 경험에 기초한 자율적 판단 권한이 있는데 사건의 장애 질문은 그런 판단 권한 내에서 행해진 것이므로 위법하다고 볼 수 없다고 판결했다(면접위원의 재량권 일탈·남용 불인정).

이에 반해 2심은 편의 제공에 관한 '공고' 의무 위반은 중대한 절차적 하자로 위법하다고 판결했다. 왜냐하면 면접시험의 특성상 법원이 면접의 당부를 심사하기는 매우 어려운 반면 면접 결과는 전체 시험의 당락에 매우 중요한 영향을 미치므로 절차적 요건이 더욱 엄격히 지켜져야 하고, 사후적으로 원고의 어머니가 요청한 사항이 실제 면접시험 과정에서 대부분 반영됐다 하더라도 '공고' 의무 위반이라는 중대한 절차적 하자가 치유됐다고 보기는 어렵기 때문이다(절차 위법의 행정행위 치유 불인정). 또 장애 특성에 대해 면접위원에게 사전 고지하는 이유는 응시자에게 차별적인 질문을 하거나 응시자의 장애 종류 및 정도에 관해 선입견과 편견을 갖는 것을 사전에 방지하기 위해서인데, 원고가 수화나 대화가 불가능하다고 고지한 것은 도리어 면접위원에게 청각장애인인 원고가 비장애인과는 달리 정상적 의사소통이 불가능하리라는 선입견과 편견을 갖게 할 수 있다고 보았다.

또 2심은 면접위원들이 원고에게 한 장애에 관한 질문도 위법하다고 판결했다(면접위원의 재량권 일탈·남용 인정). 특별한 사정이 없는 한 장애에 대한 질문은 비장애인에게는 물어보지 않을 사항을 묻는 것이어서 장애인과 장애가 없는 사람을 다르게 대하는 것인데, 장애에 관한 질문으로 장애인 응시자를 당황하게 하거나 위축되게 할 수 있으며 다른 질문에 할애할 시간을 빼앗아 해당 응시자에게 불리한 결과를 초래할 수 있기 때문이다.

특히 면접위원들이 원고에게 '집·학교에서의 소통 방법, 수화를 배우지 않은 이유, 장애로 오해나 갈등이 있었던 경험' 등 여러 차례 장애 자체에 관한 질문을 했는데, 이것은 원고의 의사소통 방법과 능력에 대한 질문으로 원고의 장애를 면접시험의 평가 요소로 삼은 것이고 면접 결과 면접위원 과반수가 원고의 '의사 표현의 정확성과 논리성' 항목을 '하'로 평정해 '미흡' 등급을 부여했으므로 원고의 청각 장애를 이유로 원고를 불리하게 대하는 차별에 해당한다고 판결했다.

그동안 장애인에 대한 공무담임권 침해 사건에서는 주로 정당한 편의 제공 미고지 등 절차적 하자가 다투어졌고 면접시험 결과의 당부에 대해서는 적극적으로 판단한 예를 찾아보기 어려웠다. 2심 판결은 면접시험에 부여되는 고도의 재량권으로 인해 사법 심사는 어렵다는 소극적 태도에서 벗어나 면접시험에 부여되는 고도의 재량권 때문에 오히려 절차적 요건이 더욱 엄격하게 지켜져야 함을 지적하고 면접위원들에게 부여되는 고도의 재량권도 장애인차별금지법의 테두리를 넘을 수 없음을 확인한 것으로 장애인 차별 시정에 관한 적극적 사법 심사의 단초를 제공하는 매우 중요한 판결이라 평가할 수 있다.

'같은 것은 같게 다른 것은 다르게', 기본권 중의 기본권이라는 평등권의 대원칙이다. 장애인 구분모집 전형을 실시하는 취지는 장애의 특성을 이해하고 공정한 시험을 진행해 평등을 실현하기 위해서다. 그러나 이번 사건에서 행정청은 평등권의 대원칙을 거꾸로 세워 원고의 장애 특성을 장애인에 대한 차별 사유로 합리화하는 잘못을 저질렀다. 다행히 원고는 2심 판결 후 불합격 처분이 취소되어 다시 면접시험을 보게 됐고 최종 합격할 수 있었다.

원고를 돕고 지지하는 공익변호사들이 함께했다고 해도 만 2년이 넘게 진행된 재판은 무척 힘들었을 테다. 불합격에 낙담하고 말았다면 십중팔구 패소했거나 소송을 제기하지 못했을지도 모른다. 사법부의 적극적인 장애인 차별 시정 노력에 박수를 보내는 것만으로는 부족하다 느끼는 이유다.

이 사건과 같은 행정청에 의한 장애인의 공무담임권 침해를 되풀이하지 않으려면 장애를 고려한 별도 기준을 마련하고, 정당한 편의를 제공하고, 면접위원에게 장애인 구분모집과 장애인 응시자의 특성을 숙지하도록 돕는 적절한 교육을 실시해야 한다. 행정부는 장애인의 공무담임권 침해의 주체가 아니라 장애인의 공무담임권 실현의 장이 돼야 한다. 그것이 장애인차별금지법의 기본 정신이다.

수원지방법원 행정3부(재판장 이상훈) 2019.9.26. 선고 2018구합70937 판결
수원고등법원 행정1부(재판장 이광만) 2020.11.18. 선고 2019누13363 판결

서부지법, 이상 없다?

공무상 기밀이 유출됐지만 책임자는 사실 무근, 이태종 판사 1심 무죄 판결

한상희 교수

'피고인의 행위는 헌법에 위반된다. 그러나 처벌할 수 없다.'

지난 양승태 전 대법원장 체제에서 무소불위의 권력을 가진 대법원장과 법관의 인사권을 장악한 법원행정처가 '엘리트 법관'들의 출세욕을 미끼로 삼아 사법권을 자신들의 이해관계에 봉사하게끔 사유화했던 바로 그 사법 농단 사태를 두고 법원은 이렇게 판단했다.

사법 농단 사태는 대법원장이나 법원행정처 간부들이 정치 권력자와 재판 결과를 두고 거래하며 이런저런 방법으로 다른 법관의 재판에 개입하는 한편, 일선 법원에 근무하는 이른바 거점 법관들을 정보원으로 삼아 재판이나 법관 동향에 대한 정보를 수집한 행태로 이뤄진다. 한마디로 민주 사회에서는 있어서도 안 되고 있을 수도 없는 작태로 사법의 독립, 재판의 독립이라는 헌법과 법치주의의 대원칙 자체를 유린하고 부정한 사태다.

그러나 그 대부분에 대해 법원은 '귀걸이, 코걸이'식으로 법리와 사실관계를 조작해 법의 공백 상태를 만들어내고 이를 기반으로 사법 농단 사태의 주범과 공범들에게 대량의 면죄부를 안겨준다.

합법적 불법을 위한 법기술: 죄형법정주의라는 망령

합법적 불법이라는 말이 있다. 법률에는 합치되지만 상위법인 헌법이나 사회 기본 질서에는 위반되는 행위를 두고 하는 말이다. 그런데 사법 농단 사태는 이에 해당되지 않는다. 그것은 헌정 질서를 유린한 것이자 동시에 사법의 독립을 규정하는 법률과 제도에도 위반되기 때문이다. 이렇게 불법하고 부정의한 사법 농단 사태를 굳이 법률의 이름으로 그 합법성을 가공해내는 법원들의 안간힘만 있을 뿐이다.

'법률이 없으면 죄도 없고 형벌도 없다'는 죄형법정주의 원칙은 그 치졸한 법기술이 기댈 수 있는 전형적인 언덕을 제공한다. 우리 형법은 멍청하게도 직권남용죄만 규정할 뿐 지위를 이용한 죄는 누락하고 있다. 그래서 직권을 남용한 것만 아니면 그 행위가 아무리 나빠도 처벌할 방법이 없다. 헌법을 위반하는 행위조차 그러하다. 그래서 상급자가 하급자를 맘대로 부려먹었더라도 그냥 그 행위가 '직무'에 해당하지 않는다는 사실만 주장하면 그대로 무죄가 된다.

이런 논리에 따라 법원행정처의 간부나 선배 법관이 다른 (주로 후배인) 법관에게 그의 재판에 대해 이런저런 영향을 미치는 것은 너무도 잘못된 행위이지만 직권, 즉 직무상 권한을 남용한 것은 아니게 된다. 직무란 법원 행정 업무를 수행하거나 맡은 재판을 잘 처리하는 것일 뿐이어서, 다른 법관의 재판에 감 놔라 배 놔라 간섭하는 일은 직권을 넘어선 직권 밖 행위일 수는 있어도 직무 자체에 포함되는 것은 아니라는 말이다. 법원은 굳이 그렇게 해석하고 있거나 해석하려고 한다.

망을 빠져나간다. 우리 형법에는 직무상 권한이 아니라 직무상 지위를 이용해 다른 이로 하여금 의무 없는 일을 하게 만든 죄는 아무리 찾아봐도 없다. 인사권을 가진 자신의 지위를 이용해 승진 경쟁에 목을 매는 법관들을 이리저리 조종하더라도 그것을 처벌할 "법률이 없"는 것이다. 법률이 없으니 죄도 없다! 그렇게 독립된 법관에 의한 중립적이고 객관적인 재판이 이뤄져야 한다는 헌법의 기본 구조는 산산조각이 나고, 우리가 어렵사리 이뤄놓은 절차적 민주주의의 성과는 일순간에 모래탑이 돼버리고 말았다.

전관 피고인을 위한 전관예우

우리 법원에는 전관예우라는 못된 관행이 있다. 법관이었다가 옷을 벗고 갓 개업한 변호사에게 법원이 일정 기간 이런저런 '편의'를 봐주는 불문율이 그것이다. 모든 법관은 한 솥밥 식구라는 의식에서 나온 것이든, 자신의 퇴직 이후를 위한 보험이라는 감각에 입각한 것이든, 모시던 부장님이나 존경하는 선배님이라는 개인적 서열의 잔재로 생긴 것이든, 전관예우는 국민이 부여한 사법 권력을 자의적으로 사유화해 법과 정의를 훼손하는 패악이다. 그런데 전관예우가 사법 농단 재판에서는 또 다른 형태로 나타난다. 전관 피고인에 대한 예우가 그것이다.

실제 근대적 형사 사법에서 각종 재판 절차는 실체적 진실을 발견하기 위한 제반의 절차 법규뿐 아니라 그 이상으로 피고인의 인권을 보호하기 위한 장치로 가득하다. 어쩌면 형사소송법 같은 기본적인 절차법은 이 둘로만 구성돼 있다고 해도 지나치지 않다. 그런데 아쉽게도 그동안 우리 법원이 지금까지 행해온 형사 사법 과정은 이런 교과서적 규정을 자못 낯설게 대해왔다. 피고인의 권리인데도 대충 무시하고 지나가거나 증거 법칙이나 절차 법칙에 조금 어긋난다 하더라도 대충 양해하며 그럭저럭 진행해온 것이 그동안의 형사재판이었다.

그런데 신기하게도 사법 농단 사태의 재판에서만큼은 피고인에 대한 인권 보장이 초일류 수준으로 고양된다. 사법 농단 재판을 계속해 추적하며 기록을 남기고 있는 경향신문의 기사는 이를 제대로 고발한다. 검사가 모두진술을 하면서 동시에 입증 계획 제시나 증거 제출 등을 한꺼번에 하던 관행을 유독 이번 전관 피고인의 재판에서만 형사소송법에 따라 검사의 모두진술, 피고인의 모두진술, 검사의 입증 계획 제시 등의 순서로 진행하는 방식으로 바뀌었다.

증거 조사 또한 부분적으로만 하던 관행을 깨고 검찰이 제출한 거의 모든 문건에 대해 법정에서 새롭게 검증했다. 특히 USB에 담긴 문건(무려 1142개에 달한다)의 내용과 그것을 검사가 프린트해 제출한 문건의 내용이 동일한지까지도 일일이 대조하고 확인하게 했다(경향신문, 2019.6.22. '사법농단 재판에서만 지켜지는 '원칙''). "법정에서 이렇게 많은 형사소송 관련 법들이 언급되는 것을 본 적이 없다"라는 경탄스러운 발언은 전관 피고인 예우의 양상을 정확히 지적한다.

'의심스러울 때는 피고인의 이익으로' 그리고 형사 법규는 최대한 좁게 해석해야 한다는 형사법의 대원칙들도 마찬가지다. 유독 그들에게만 그 의미 그대로, 그 취지에 맞게 원칙들이 적용된다. 재판 과정에서 그들과 관련한 사실관계에만 그렇게도 많은 의심의 물음표가 따라붙고, 그렇게도 쉽게 무시되던 증거 법칙은 그들의 변론 앞에서 산산이 흩어져버린다.

그뿐 아니다. 앞서 서술한 직권남용죄라는 형법 규정의 의미는 물론, 공무상 기밀누설죄나 위계에 의한 공무집행방해죄와 같은 규정도 유독 그들의 범죄에 대해서는 가능한 최소한도의 수준으로 해석된다. 그러다 보니 재판은 일반적인 형사재판과는 전혀 다른 궤도를 달린다. 세상을 뒤집어놓은 전대미문의 헌법 유린 사태인데도 지금까지 사법 농단과 관련한 모든 판결에서 무죄가 선고됐다. 일반 형사재판의 무죄 선고율이 1퍼센트라는 사법연감의 통계가 무색한 형편이다.

법원의 판단: 공무상 기밀누설죄 부분

이런 편향, 특히 전관 피고인에 대한 예우의 징후들은 이 글의 비평 대상이 되는 이태종 전 서울서부지방법원장에 대한 무죄 판결에서도 어김없이 재생산된다.

사건의 내용은 다른 사법 농단 사태에 비해 단순하다. 양승태 전 대법원장 체제에서 법원행정처는 권위주의 체제의 정보경찰만큼이나 정보 수집에 열심이었다. 전국의 법관과 그들이 담당하는 사건들에 관한 정보를 한 손에 장악하면 대법원장을 정점으로 하는 피라

미드식 권력 구조를 완성할 수 있기 때문이다. 그래서 법원행정처는 각급 법원에 근무하는 기획법관이나 공보관을 '거점 법관'이라 부르며 정상적인 업무 외에 정보와 자료를 수집하고 보고하게 했다. 사건은 서울서부지방법원에서 일어났던 이런 행태를 대상으로 한다.

사건의 피고인은 법원의 사무에 관해 포괄적인 지휘감독권을 갖고 그 정보 보고 체계의 한편을 담당했던 이태종 법원장이다. 검찰의 공소 요지는 두 갈래로 나뉜다. 하나는 거점 법관인 기획법관이 부정 비리 사건을 저지른 집행관 사무소 직원들에 대한 수사 정보와 자료(주로 영장청구서 사본)를 수집해 법원행정처에 보고한 일에 당시 해당 지방법원의 장이었던 피고인이 그 과정에 공범으로 가담했다는 사실(공무상 비밀누설죄)이다. 수사상 비밀은 피의자의 증거인멸을 막는 등 수사의 효율성을 위해 필수적인 것이나 피고인은 기획법관이던 나 모 판사와 더불어 영장 청구 사실은 물론 사본까지 입수해 법원행정처에 보고하고 피의자 등이 검찰에서 한 진술 내용을 확인해 보고하기도 했다.

또 하나는 기획법관과 영장 전담 법관, 그리고 법원 직원에게 수사 진행 상황과 수사 확대 가능성 등 수사 내용을 파악해 보고하라고 지시함으로써 직권을 남용해 다른 사람에게 의무 없는 일을 하게 했다는 사실(직권남용죄)이다. 특히 피고인은 검찰 수사가 자기 법원에 소속된 집행관에게까지 확대되거나 다른 법원에 소속된 집행관 사무소로 확대되는 것을 저지하려고 사무국장, 총무과장, 형사과장, 감사계장, 대표집행관 등 자신의 지휘·감독하에 있는 사람들에게 집행관 사무소에서 저질러진 비리에 대한 영장청구서 사본, 사건 관련자들의 검찰 진술 내용 등을 신속히 입수·확인해 보고하도록 지시했다는 것이 검찰의 주장이었다.

하지만 이런 공소사실에 관한 재판부의 판단은 편협하다. 기획법관이 수사에 관한 정보와 자료를 법원행정처에 전달한 것은 이미 확인된 사실이다. 그렇다면 사건에서 가장 핵심적인 부분은 전달 과정에 기밀 누설자인 기획법관이 속한 지방법원의 법원장이 어떤 역할을 했는가라는 점이다.

법원장인 피고인이 관리하에 있는 기획법관과 공모하지 않으면 어찌 그런 수사 정보를 수집해 법원행정처에 알릴 수 있었을까. 검찰은 너무도 당연한 의문에서 시작한다. 그래서 당시 법원행정처가 주요 사건이나 상황이 발생할 경우 즉시 필요한 정보와 자료를 수집해 보고할 것을 수차례 지시하고 강조한 사실, 2016년 9월에 열린 긴급 전국법원장회의에서 "아무리 사소한 일이라도 법원행정처와 적극적으로 정보를 공유하고 공동으로 대책을 마련"하라는 방안을 시달했음을 지적한다. 아울러 법원행정처의 방침에 따라 피고인이 자기 법원 소속의 총무과장에게 기획법관이 요청하는 자료가 있으면 협조하라고 지시한 사실도 공모의 증거로 삼았다.

그러나 재판부의 판단은 이런 사실로부터 큰 간격을 둔다. 기획법관이 법원행정처에 수사 정보와 자료를 전달하는 과정에 피고인이 개입하거나 공모했다는 증거를 발견하지 못했다고 본다. 물론 그러려면 검찰이 피고인의 공모 행위를 증명하기 위해 제출한 증거들을 '증거 법칙'이라는 이름으로 배제해야 했다. 원래 검찰은 기획법관에서 법원행정처로 이어지는 보고 체계만 수사했다. 압수수색 영장 역시 기획법관을 대상으로 발부되어 집행됐다. 피고인의 공모 여부는 그 후 수사 대상이 됐고, 검찰은 하수인에 불과하다고 보아 기획법관을 기소하지 않았다. 법원은 이 점을 놓치지 않았다. 기획법관에 대한 압수수색으로 획득한 증거는 피고인에 대해서는 사용할 수 없다고 못 박은 것이다. 그러다 보니 사건과 관련해서는 불법한 보고를 받은 법원행정처는 있지만 보고한, 혹은 보고를 하도록 한 사실은 전혀 처벌될 수 없게 됐다.

증거 인정에서 고개가 갸우뚱해지는 것은 그뿐만이 아니다. 기획법관은 분명 피고인에게 정보와 자료를 법원행정처에 송부할 계획을 알리고 피고인은 다음 날 인편으로 그 자료를 전달하라고 지시한 사실까지 나왔다. 그런데 법원행정처에서 당장 보내라고 함에 따라 기획법관은 즉시 이메일로 보내며 법원장에게는 비밀로 해달라고 부탁했다. 이런 법정 진술의 내용은 누가 봐도 간단하다. 기획법관은 법원장의 명을 어겼다. 법원장 몰래 정보와 자료를 송부한 것이 아니라, 법원장이 지시한 날짜(다음 날)와 방법(인편으로)을 임의로 바꿔 하루 전에 이메일로 보내고 바로 그 사실을 비밀에 부쳐달라고 부탁한 것이다. 그런데도 법원은 이런 간단한 진술을 법원장 몰래 법원행정처에 보고한 것 때문에 그 사실을 감춰달라고 부탁한 것으로 굳이 곡해한다.

사실 이번 판결은 사실관계 인정에서부터 무리가 따른다. 수사 기밀 누설의 행동 대원이던 기획법관이 수월히 정보와 자료를 수집할 수 있었던 것은 총무과장이나 감사계장 등 다양한 법원 직원들이 협조한 덕분이다. 그들이 왜 협조했는지 역시 간단히 확인할 수 있다. 그럼에도 재판부는 무작정 이들이 법원장과 관계없이 스스로의 판단에 따라 독자적으로 정보원이 되기를 자처한 것이라고 단정해버렸다. 그 결과 당시 해당 법원뿐 아니라 사회에서도 초미의 관심사가 됐던 집행관 사무소의 부정 비리 사건에 대해 그곳의 주요 간부들과 기획법관이 합심해 정보를 수집하고 법원행정처와 수사 기밀을 주고받고 하는 시끌벅적한 일들을 오직 법원장인 피고인만 까맣게 모르고 있었다는 결론으로 이어진다.

2017년 대법관 후보로까지 거론됐던 이태종 법원장이 극도로 무능해 소관 법원의 동태조차도 파악하지 못하는 직무유기범이었거나, 전관 피고인에 대해 무죄 판결을 선사한 법관의 인식 체계가 우리의 그것과 너무도 달랐거나 둘 중 하나일 듯하다.

법원의 판단: 직권남용죄 부분

피고인에게 의율됐던 직권남용죄 부분에 대한 법원의 판단 또한 앞의 방식에서 크게 벗어나지 않는다. 오히려 그 방식의 연장선에서 이뤄진다.

원래 직권남용죄란 직권을 남용한 지시가 있어야 하고 그 지시에 따라 상대방이 의무 없는 일을 해야 성립한다. 그런데 사건의 경우 이미 법원은 검찰의 수사에 관한 정보나 자료는 수사 기밀에 해당한다고 인정한 바 있다. 그러다 보니 어떤 방식으로든 정보를 수집하라는 지시가 있고 그에 따른 정보수집과 보고 행위가 있었다면 영락없이 유죄가 된다. 그리고 조사 결과 서울서부지방법원 소속 공무원들과 기획법관이 정보와 자료를 수집하고 그것들을 법원행정처에 보고했다는 사실은 부인할 수 없었다.

그렇다면 사건에서 피고인이 무죄가 되는 길은 단 한 가지다. "위법·부당한 지시를 했다는 직권남용 행위 자체가 존재하지 않는"다라는 판단이 그것이다. 그리고 그 점에서 이번 판결은 사법 농단 사태의 주범들에 대한 여타 판결과 결을 달리한다. '직무상'의 지시냐 아니냐가 여타 사건의 쟁점이라면 이번 사건은 '지시' 자체가 존재했느냐에 집중한 것이다.

그래서 재판부의 판단은 '지시'가 없었거나, 있었더라도 정당한 업무 수행에 관한 것임을 입증하는 서술로 가득하다. 우선 형사과장이 영장청구서 사본을 보고한 일에 대해서는 법원장은 "통상적인 업무로서 영장 공람 결재를 하고 있는" 만큼 지시가 있든 없든 일상적으로 그 사본을 보고하기 마련이며 따라서 그런 지시가 있었다 하더라도 그것은 "정당한 업무 수행에 관한 것"이라 문제되지 않는다고 보았다.

또 재판부는 사무국장이나 총무과장 등에게 영장청구서 사본을 총무과에 제공하라고 지시한 사실과, 집행관 사무소 부정 비리 사건의 피의자들이 검찰에서 한 진술 내용을 확인하고 보고하거나 기획법관에게 제공하도록 지시한 사실과 같은 일은 애당초 존재하지 않는다고 했다. 사무국장이나 총무과장이 피고인인 법원장으로부터 그런 지시를 받은 적이 없으며 자발적으로 그런 행위를 했다고 진술한 것을 그대로 받아들인 것이다.

그리고 이렇게 지시한 사실이 인정되지 않는 이상 그 공무원들의 행위가 '의무 없는 일'에 해당하는지는 더 살펴볼 필요조차 없다고 단언한다. "합리적인 의심을 할 여지가 없을 정도로 이 부분 직권남용 권리행사방해 공소사실이 증명됐다고 보기 어렵다"라는 것이 이 부분의 결론이다.

'서부지법, 이상 없다'

이런 판단으로 서울서부지방법원에서 일어났던 사법 농단 사태는 아무 일도 없었던 것으로 정리돼버렸다. 집행관 사무소에서 발생한 부정 비리 사건에 대해 누군가가 수사 기밀을 캐내고 또 누군가는 그 정보와 자료들을 법원행정처에 부지런히 갖다 날랐음은 재판부도 인정했다. 그럼에도 하수인인 기획법관이나 형사과장, 총무과장, 사무국장 등은 기소되지 않아 처벌받지 않았고, 그들을 총괄해 지휘하고 감독하는 법원장은 아무것도 몰랐다는 평계(전술했듯이 2017년에는 대법관 후보로 거론되기까지 했다)로 무죄 판결을 받았다. 한 마디로 '서부법원, 이상 없다'(레마르크의 소설 〈서부 전선 이상 없다〉에 빗대면)가 된다.

양승태 전 대법원장 체제에서 자행됐던 사법 농단 사태는 민주주의를 지향하는 우리 현대사에서 또 다른 과거사가 돼 있다. 그것은 우리 헌법의 근간이 되는 법치주의의 핵심을 건드리며 그 올바른 실천을 가로막았다. 국민이 위임한 사법 권력을 사적 탐욕을 위한 수단으로 전락시켜 법과 정의를 유린한 사태다. 그래서 이 사태는 지난 정권이 자행한 국정 농단의 연장선에 자리한다. 그것은 남용을 넘어 사법권 자체에 대한 부정이며, 그동안 담론 수준으로나마 존재해왔던 '절차적 민주주의'와 그 토대로서 법치주의를 내세우는 우리의 헌정 질서 자체를 부정한다.

현재 우리의 관심이 사법부의 제도적 개량 자체에 머물러서는 안되는 이유가 여기서 나온다. 사법 농단 사태에 대한 철저한 응징과 재발 방지를 위한 법원 개혁 조치들이 절실하다는 것이다. 문제는 그 비리한 과거사를 청산하는 주역이어야 할 정치권의 무능과 무책임한 직무 유기다. 정치가 제 역할을 하지 못하면서 정치가 사법화하고 사법이 정치화하는 악순환이 가중되고, 그런 가운데 사법관의 지배는 점점 더 공고화해 우리가 어렵사리 이뤄놓은 '입헌적 민주주의'조차 위협한다.

이태종 전 법원장에 대한 무죄 판결은 이런 정치의 직무 유기에 편승해 비집고 나온 또 다른 반동이다. 형식은 법치주의를 말하고 절차적 공정성을 내세우지만 그 실질은 사법권을 침탈한 관료 법관들의 전횡을 정당화한다. 사법의 독립이라는 이름으로 정치 사법의 위험을 자초한다. 어쩌면 이렇게 헌법을 위반한 법관들을 정치적 심판대가 아니라 또 다른 법관들이 주재하는 재판대에 세운 것 자체가 잘못일 듯도 하다. 그리고 이제 우리의 현대사는 마치 아무 일도 없다는 듯이 한 국면을 넘기며 작전 본부에 긴급 전신을 타전한다: 서부 전선, 이상 없다.

서울중앙지방법원 형사26부(재판장 김래니) 2020.9.18. 선고 2019고합190 판결

전교조 판결, 다행인 것, 아쉬운 것, 염려스러운 것

고용노동부의 전교조 법외노조 통보가 위법하다는 대법원 판결

강문대 변호사(법무법인 서교)

2020년 9월 3일 전교조가 고용노동부장관을 상대로 제기한 '법외노조 통보처분 취소' 청구 사건의 상고심에서 대법원은 원심(2심) 판결을 파기하고 사건을 서울고등법원에 환송하는 판결을 선고했다. 다음 날 고용노동부는 전교조에 대한 '노동조합으로 보지 아니함 통보'(2013년 10월 24일) 처분을 취소했다. 사건이 아직 서울고등법원에 계류돼 있지만 곧 각하될 것으로 보이는바(취소청구 대상인 처분이 이미 취소됐으므로), 실질적으로는 이미 최종 종결됐다고 할 수 있다. 7년에서 한두 달 빠지는 시간이 흐른 뒤에야 대단원의 막이 내린 것이다.

사건의 쟁점은 널리 알려져 있는 대로, '부당 해고자'도 조합원 자격을 유지하게 규정하고 있는 전교조 규약이 교원노조법 제2조

(현직 교원만 노조원이 될 수 있다는 취지의 조항)에 위반되는가 하는 것이다. 고용노동부는 위반된다고 보았고 전교조는 그렇지 않다고 주장했다.

그럼, 대법원은 어떻게 판단했는가? 전교조가 상고심에서 최종 승소했으니 다들 대법원이 전교조의 주장을 채택한 것으로 생각하겠지만 놀랍게도 그렇지 않다. 물론 고용노동부의 주장을 받아들인 것도 아니다. 대법원은 그 쟁점에 대해서는 아무런 판단도 하지 않았다. 그 대신 고용노동부가 전교조에 대해 법외노조 통보처분을 할 때 근거로 삼은 '노동조합 및 노동관계조정법 시행령' 제9조가 무효이므로(해당 조항이 법률의 위임 없이 법률이 정하지 않은 법외노조 통보에 관해 규정했다는 것이 그 이유) 해당 처분도 위법하다고 판단했다. 즉 처분의 절차에 문제가 있다고 본 것이다. 그것 말고는 쟁점에 대해 정말로 아무런 판단도 하지 않았다. 판결문 자체에도 "나머지 상고 이유에 대한 판단을 생략"한다고 기재돼 있다.

다툼이 발생한 지 7년 정도, 대법원에 사건이 계류된 지 4년 정도가 지났지만 우리는 그 쟁점에 대한 법원의 최종 입장을 알 수 없게 됐다. 이런 정도의 판단을 하는 데 이만큼의 시간이 소요됐어야 하는지 선뜻 납득되지 않는다. 대법관들 사이에서도 그런 논쟁이 있었는지 소수의견을 개진한 대법관들은 쟁점에 대한 판단을 정면으로 하고 있다.

김재형 대법관은 "이 사건의 관건은 법외노조 '통보'의 당부가 아니다. (…) 문제의 핵심은 원고가 법상 노동조합인지 아닌지, 즉 법외노조인지에 있다"고 전제한 뒤, "해직자를 노동조합의 조합원에서 일률적으로 배제하도록 하는 것은 노동조합의 본질에 부합하지 않"고 "특히 원래 조합원이었던 근로자를 단지 해고됐다는 이유만으로 노동조합의 조합원이 될 수 없도록 하는 것은 정당성을 인정하기 어렵"다는 점을 근거로 고용노동부의 처분이 위법하다고 판단했다.

반면 이기택, 이동원 대법관은 "현행 법외노조 통보 제도는 노동조합에 관한 정의 규정의 실효성 확보를 위한 필수적 장치로서 노동조합법에 이미 내재되어 있"으므로 해당 시행령은 합법이고, 따라서 실정법을 어긴 전교조에 대해 법외노조 통보처분을 한 것은 유효하다고 판단했다. 이런 소수의견이 개진됐으면 다수의견을 낸 대법관들이 보충의견을 통해서라도 쟁점에 대해 판단했을 법한데도 끝내 그렇게 하지 않았다.

대법원이 어떤 이유에서든 전교조의 손을 들어준 것은 다행이다. 사건의 본질은 전교조를 부정하던 박근혜 정부가 오래된 규약을 꼬투리 삼아 행정력을 동원해 괴롭힌 것이다. 이런 사건에서 대법원이 형식적 규정에 얽매이지 않고 노동조합의 자주성을 존중한 것은 적절한 판결이라고 할 수 있다. 다만 핵심 쟁점에 대한 판단을 외면한 것은 두고두고 지적될 것으로 보인다.

판결만을 놓고 보면 교원노조법이 개정되기 전에는 전교조에 해직자 조합원이 있어도 되는지 안 되는지를 알 수 없게 됐다. 필자로서는 김재형 대법관 의견이 다수의견으로 제시되지 못한 것이 못내 아쉽다. 사건을 접한 사람들이 단박에 품는 의문, 즉 '5만 명이 넘는 조합원 중에 해직자(해직 전에는 교원이었음) 9명이 있다고 적법한 노조가 아니라고?' 하는 의문에 대법원 다수의견이 속 시원히 답하지 않은 것이 아쉽게 느껴지는 것이다. 그에 대해 답할 논거들이 충분히 널려 있는데도 말이다.

이번 판결에서 염려스러운 점도 있다. 무효로 선언된 해당 시행령 조항은 역사 속으로 사라지게 됐고 그로써 고용노동부가 그 조항을 근거로 민주 노조 활동에 개입하는 일은 더 이상 없게 됐지만, 그런 일만 없어지게 된 것이 아니다. 사용자가 설립을 주도한 어용 노조에 대해 정부가 해당 조항을 근거로 개입하는 일도 없어지게 된 것이다. 향후 해당 시행령 조항이 법률의 외양을 띄고 부활할 수도 있지만 노동조합 해산을 합법화한다는 논란으로 그렇게 되기는 쉽지 않을 것이다. 그럴 경우 유성기업이나 삼성 에버랜드에서 봐온 '어용 노조'를 어떻게 제재할지가 문제로 남게 된다.

대법원 판결 선고 이후 현 정부(문재인 정부)가 그 전에 기존의 법외노조 통보 처분을 스스로 취소했었어야 한다는 지적이 많이 있었다. 정부가 그렇게 할 수 있었다는 것도 맞고 그렇게 했으면 좋지 않았겠느냐는 지적에도 동의하지만, 과감히 그렇게 하기 어려운 이유도 있었다는 점도 덧붙여놓고 싶다.

이번 대법원 판결의 반대의견을 통해서도, 이전 다수의 하급심 판결들(전교조 패소)을 통해서도 알 수 있지만 현행법의 문언상으로는 기존 처분이 위법하다고 바로 단정하기 어려운 점이 있다. 기존 처분을 취소할 경우 그 처분으로 인해 해고된 교원(30여 명)을 모두

원상 복귀시켜야 하는데, 정부가 (하급심) 법원이 정당하다고 판결한 처분을 완전히 뒤집고 그렇게 할 재량이 있는지 논란이 됐다. 그 때문에 정부의 취소 처분은 문제의 종결이 아니라 새로운 문제의 시작이 될 여지가 많이 있었다. 교육 현장에서 정치 논란 및 이념 논쟁이 격화될 위험성이 컸던 것이다.

적고 보니 다 치졸한 변명 같은 말인데, 법원 판결을 통해 모든 문제가 논란 없이 해결됐으니 다시는 천만부당한 처분을 애초에 하지 않게 사족으로나마 붙여놓는다.

대법원 전원합의체(주심 노태악) 2020.9.3. 선고 2016두32992 판결

목숨 걸고 노동하는 '귀족'은 없다

산업재해로 사망한 노동자의 유족을 특별 채용하는
내용을 담은 단체협약이 유효하다는 대법원 판결

유성규 노무사(성공회대 겸임교수)

2020년 8월에 많은 이의 관심이 대법원에 집중됐다. 업무상 재해로 사망한 조합원의 자녀 등을 특별 채용하게 한 단체협약 조항이 유효한지를 두고 대법원 판결 선고가 있었기 때문이다. 대법원은 사건을 전원합의체에 회부했는데 이 사실만으로도 사건이 지니는 사회적 의미와 중요성을 어느 정도 가늠할 수 있다.

원고들은 급성 골수성 백혈병으로 사망한 노동자의 배우자와 자녀들이었고 피고들은 망인이 근무했던 기아자동차(주)와 현대자동차(주)였다. 망인의 사망은 산재보험에서 업무상 재해로 인정받았는데, 망인이 속해 있던 노동조합과 피고들은 업무상 재해로 사망한 조합원의 자녀 등에 대해 결격사유가 없는 한 요청일로부터 6개월 이내에 특별 채용한다는 취지의 단체협약을 체결한 바 있다. 원고들은 피고들을 상대로 망인의 사망에 대한 손해배상과 특별 채용 조항의 이행을 구하는 소송을 제기했다.

　사건은 1심 때부터 언론의 높은 관심을 끌었다. 수많은 청년들이 일자리를 구하지 못하고 있는 현실에서 대기업의 특별 채용이라는 단체협약 조항이 불편하게 느껴졌을 수 있다. 그래서인지 사건을 접한 많은 이가 구직자들의 일자리를 뺏는 불공정한 특혜라고 비판하거나 현대판 음서제라며 격한 토로를 쏟아내기도 했다. 더 나아가 '귀족 노조' 운운하며 노동운동 자체를 비판할 때 논거로 삼기도 했다.

　재판에서 핵심 쟁점도 특별 채용 조항이 '선량한 풍속 기타 사회질서에 위반한 사항을 내용으로 하는 법률행위는 무효로 한다'고 정한 민법 제103조에 의해 무효가 되는지 판단하는 것이었다. 즉 노동조합과 사용자가 적법하게 체결한 단체협약일지라도 그 내용이 '선량한 풍속 기타 사회질서'에 반한다면 그 효력을 인정할 수 없는 바, 해당 조항이 그러한지가 핵심 쟁점이었다.

　1심은 사건의 특별 채용 조항이 사실상 일자리를 물려주는 결과를 초래하고 더 나아가 사실상 귀족 노동자 계급의 출현으로 이어질 가능성도 있어 우리 사회의 정의 관념에 반한다는 점 등을 지적하며 해당 조항이 '선량한 풍속 기타 사회질서'에 반해 무효라고 판시했다. 심지어 해당 조항은 단체협약의 대상이 될 수 없는 것을 약정한 것이므로 무효라고 판시하기도 했다.

　2심은 1심과 달리 사건의 특별 채용 조항이 단체협약의 대상이 될 수 있음은 인정했으나 1심과 같은 취지에서 해당 조항이 선량한 풍속 기타 사회질서에 반해 무효라고 판시했다.

대법원은 노동조합과 사용자가 노동자 채용에 관해 임의로 단체교섭을 진행해 단체협약을 체결할 수 있고 그 내용이 강행법규나 '선량한 풍속 기타 사회질서'에 위배되지 않는 이상 그 효력이 인정된다고 보았다. 또 그 위배 여부를 판단할 때 법원은 후견적 개입에 좀 더 신중할 필요가 있다는 점도 밝혔다. 결과적으로 대법원은 사건의 특별 채용 조항이 피고들의 채용의 자유를 과도히 제한하는 정도에 이르거나 채용 기회의 공정성을 현저히 해하는 결과를 초래했다고 보기 어려우므로 '선량한 풍속 기타 사회질서'에 위반되지 않아 그 효력이 인정된다고 판시했다.

결국 1심에서 대법원에 이르는 재판 과정은 사건의 특별 채용 조항에 대한 우리 사회의 허용 범위 내지 합의 수준을 확인하는 과정이었다고 볼 수 있다. 또 대법원 판결 내용은 사건을 둘러싸고 제기됐던 다양한 비판들에 대한 우리 법원의 대답이었다고 볼 수 있다.

이제 그 비판들이 과연 타당했는지를 대법원이 판결문에서 밝히고 있는 내용들을 참고·인용해 검토해보고자 한다.

첫째, 특별 채용 조항으로 인해 실제로 많은 구직자가 일자리를 빼앗겼을까? 대법원 판결문에 따르면 2019년 말 기준 피고 기아자동차의 매출액은 33조 원가량, 노동자 수는 3만 5600명 이상이고 피고 현대자동차의 매출액은 49조 원가량, 노동자 수는 7만 명 이상에 달한다. 또 2013년부터 2019년까지 기아자동차가 신규 채용한 노동자의 수는 5281명이고 그중 사건의 특별 채용 조항에 따른 채용 인원은 5명으로 그 비율은 0.094퍼센트다. 같은 기간 현대자동차가 신규 채용한 노동자의 수는 1만 8000명 정도이고 그중 특별 채용 조항에 따른 채용 인원은 11명으로 그 비율은 0.061퍼센트다. 판결문에 언급되지는 않았지만 현대차 그룹이 신사옥을 짓기 위해 2014년에 옛 한전 부지를 10조 5500억 원에 사들인 것은 널리 알려진 사실이다. 그렇다면 자세한 분석도 필요 없을 듯하다. 이런 규모와 재력을 지닌 두 회사에서 특별 채용 조항으로 인해 구직자들이 일자리를 빼앗겼다고 보는 것은 합리적이지 않다.

둘째, 사건의 특별 채용 조항은 현대판 음서제라고 불릴 만큼 불공정한 특혜인가? 대법원이 밝히고 있듯이 가족의 생계를 담당하던 노동자가 사망하는 경우 유족들이 생계에 어려움을 겪게 되는 것은 통상적으로 예상할 수 있는 일이다. 이를 고려해 사용자가 부담할 재해 보상 책임을 보충하거나 확장하는 내용의 특별 채용 조항은 사회적 약자를 배려해 실질적 공정을 달성하는 데 기여한다고 평가할 수 있다. 또 헌법 제32조 제6항은 '국가유공자·상이군경 및 전몰군경의 유가족은 법률이 정하는 바에 의해 우선적으로 근로의 기회를 부여받는다'고 규정하고 있다. 이처럼 특정한 범위의 사람에게 보상과 보호의 목적으로 채용 기회를 제공하는 것은 우리 법질서가 예정하고 있는 수단에 해당한다. 따라서 특별 채용 조항은 헌법 제32조 제6항의 취지와 정신을 기업 단위에서 자치적으로 구현한 것으로 볼 수 있으며, 이를 불공정한 특혜라고 보는 것은 타당하지 않다.

셋째, 노동조합이 사건의 특별 채용 조항을 체결한 것이 '귀족 노조'라고 비난받을 만한 일인가? 노동조합의 기본 역할 중 하나는 근로조건의 유지 및 개선이다. 노동조합은 이를 위해 사용자와 대립하기도 하고 협력하기도 한다. 대법원이 판시하고 있듯이 업무상 재해에 대해 어떤 보상을 할지는 그 자체로 중요한 근로조건에 해당한다. 사건의 노동조합은 근로조건을 유지·개선하고 노동자의 경제적·사회적 지위를 향상할 목적으로 특별 채용 조항이 포함된 단체협약의 체결을 요구한 것이다. 피고들은 그 요구를 받아들여 조합원들의 업무 충실을 유도하고 노동조합과 원만한 관계를 유지하는 이익을 얻었다고 볼 수 있다. 피고들의 규모와 재력을 고려할 때 그로인해 다른 구직자들의 채용 기회가 침해되거나 경영상 어려움이 초래될 가능성도 없어 보인다. 그렇다면 노동조합이 기본 역할을 한것을 두고 '귀족 노조' 운운하는 것은 옳지 않다. 어떤 귀족 집단이자신들의 생명이 다하도록 노동을 한다는 말인가.

우리 사회 일각에는 업무상 재해를 자연 재해처럼 인식하는 경향이 있는 듯하다. 그러나 업무상 재해와 자연 재해는 두 가지 점에서명확히 구별된다. 업무상 재해의 가해자는 그를 사전에 예방할 능력을 지닌 인간이나 조직이라는 점이다. 또 업무상 재해의 가해자는피해자와 잠재적 피해자의 생명·건강을 담보로 이윤을 쌓고 있다는점이다.

아직까지도 이번 판결을 비판하고 있는 이들에게 묻고 싶다. 회사를 위해 생명을 희생하고 사랑하는 가족 곁을 떠난 노동자의 유족에게 그를 막지 못한 회사가 특별 채용 기회를 부여하는 것이 그렇게 불공정한 일인? 더욱이 회사에 그를 감당하고도 남을 충분한 능력이 있는데도 말이다. 필자는 아무리 생각해도 왜 여기에 불공정이라는 단어가 등장하는지 이해되지 않는다. 아마도 많은 이의 삶이 너무 고단한 탓이리라. 모두가 무거운 삶의 짐을 내려놓고 인간 본연의 따스한 시선으로 바라본다면, 오히려 우리 사회가 업무상 재해로 가족을 잃은 유족들 모두에게 그와 같은 혜택을 주지 못함을 안타까워하리라 믿는다.

대법원 전원합의체(주심 김상환) 2020.8.27. 선고 2016다248998 판결

괴리(사법 판단과 국민 정서 사이에 나타나는 큰 차이를 일컫는 말)의 원인 찾기

불법 아동성착취물 판매 사이트 운영자 손정우에 대한 미국의 범죄인 송환 요청 불허 결정

장철준 교수(단국대 법학과)

냉담의 원인 찾기

이상한 일이다. 우리 국민이 국내에서 범죄를 저질러 국내법에 따라 처벌을 받는데 중간에 다른 나라에서 자기네가 처벌하겠다고 그를 보내달라고 하면, 당연히 이를 거절하는 법원의 선택이 지지를 받아야 한다. 그런데 정반대의 상황이 벌어졌다. 범죄인 인도를 거부하는 법원 결정에 많은 이가 분노하고 심지어 결정한 법관을 대법관 후보에 올리지 말아달라는 청원에 50만 명 이상이 동참했다.

도대체 왜 이러는지는 모두 알고 있다. 심지어 인도 거부 결정을 내린 법관까지도 이를 잘 알고 있다. 결정문에서 해당 법관은 "범죄인을 미국으로 보내 엄중한 형사처벌을 함으로써 정의를 실현하고 유사한 범죄의 재발을 방지해야 한다는 주장이 제기되고 있으며 법원도 이에 공감한다"고 말했다. 해당 범죄에 대한 우리 법제, 재판 및 처벌 과정이 납득하기 어려운 수준이라는 비판을 이미 법원도 듣고 있다는 뜻이다. 더 깊이 따지고 들어가면, 사법 판단의 결과로 추구할 수 있는 정의의 가치에 대한 우리 사회의 근본적 불신이 거의 임계점에 다다른 결과로 볼 수 있다. 사법 판단 절차의 주체인 법조 구성원들 역시 이를 잘 알고 있을 것이다.

인도 거부 결정 되짚어보기

사건 판사들은 꽤 어려운 길을 택했다. 만일 반대 결정을 내렸다면 결과가 어떠했을까? 드디어 미국법의 힘을 빌려 흉악한 범죄에 마땅한 처벌의 길을 열었다며 여론의 칭찬과 존경이 잇따랐을 것이다. 송환을 요구한 미국에서는 감사의 표시가 있었을 것이고, 다른 나라의 언론으로부터 '달걀 절도범' 수준으로 아동성착취물을 취급하는 나라라는 비아냥거림도 듣지 않았을 것이다. 모를 일이지만, 판사 개인은 대법관 임명을 받았을 수도 있다.

이 모든 행복한(?) 조건을 외면하고 왜 거부 결정을 내렸을지는 이제 좀 더 냉정히 판단해볼 필요가 있다. 판사들이 사회 기득권의 시각에 물들어 피해자의 고통을 잘 모른다는 주장이 주된 비판의 이유로 거론된다. 사법 농단 사태를 필두로 해 불공정의 대명사로 줄지어 이어졌던 떠들썩한 판결에는 실제 그런 흔적이 잘 보인다. 특히 '패륜' '흉악' '극악' '참사' 등의 용어로 수식되는 사건에 대해 솜방망이 처벌이 나왔을 때 분노와 더불어 자포자기와 쓴웃음을 보낼 수밖에 없었던 경험에서 추측해보는 가장 그럴듯한 이유가 그것이었기 때문이다.

판사 개인들로서는 좀 억울할 수 있겠다. 검찰 측의 수사, 입증 책임, 구형 또한 큰 문제가 될 수 있고 이른바 전관예우 같은 부조리한 관행을 탓할 수도 있으니 말이다. 국민들이 보기엔 모두 다 잘못이다. 책임 소재를 명확히 가리지 않는다 하여 비판이 어리석다 말하는 것은 이런 괴리를 함께 만든 이들의 오만일 뿐이다.

하지만 여전히 이런 관점에서 인도 거부 결정을 바라보는 것은 부당한 측면이 있다. 우리와 미국의 범죄인 인도 조약과 범죄인 인도법에 따르면 인도의 가장 중요한 요인은 범죄지 관할국에서 재판할 필요성이다. 지금까지 우리 정부에서 대부분 인도 요청에 응했던 이유는, 우리 국민이 외국에서 범죄를 행한 사실이 분명했기 때문이다. 얼마 전 이태원 살인 사건 범인을 우리가 미국으로부터 인도받았던 것 또한 같은 이유에서다.

하지만 이번 다크웹 '웰컴 투 비디오' 사건처럼 네트워크를 통해 실행돼 행위지가 명확히 구분될 수 없는 범죄인 경우에는, 결정문에서 밝히고 있는 것처럼 범죄지 관할권을 결정적 요인으로 두고 판단하지 않는 것이 옳다.

또 미국에서 범죄인(손정우)의 범죄로 특정한 6개 범죄(아동음란물 광고 음모, 아동음란물 광고, 미합중국으로 수입하기 위한 미성년자의 노골적인 성표현물 제작, 아동음란물 유통 음모, 아동음란물 유통, 자금 세탁) 중 자금 세탁을 제외한 나머지에 대해 우리 법원의 재판이 모두 완결됐고 형 집행도 끝났다. 결정문에서 언급했듯, 만약 검찰이 1심 재판(서울중앙지방법원 2018.9.7. 선고 2018고단1640 판결) 당시 범죄수익은닉규제법(범죄수익은닉의 규제 및 처벌 등에 관한 법률)에 근거해 함께 기소했다면 아예 미국의 인도 요청 자체가 성립할 수 없었을 것이다.

결국 이런 범죄에 대해 5년 이하의 징역 또는 3천만 원 이하의 벌금으로 형량이 규정된 우리나라 법의 재판을 받지 말고 10년 이상 형벌이 예상되는 미국의 처벌을 받으라는 것이 인도 결정의 핵심 쟁점이다.

그런데 그렇게 결정하는 것이 옳은가? 안전한 사회를 바라는 국민으로서 이런 흉악범이 미국에 가서라도 중형을 받을 수 있으면 하는 마음은 누구에게나 같다. 하지만 유감스럽게도 범죄인 인도 조약과 범죄인 인도법은 그러라고 만들어진 규범이 아니다. '범죄의 예방과 억제에 효율적인 협력 제공 및 범죄인 인도 분야에서의 양국 간 관계 증진' '범죄 진압 과정에서의 국제적인 협력 증진' 이것이 명시된 유일한 목표다. 대한민국에서 벌어진 범죄의 범인을 처벌할 대한민국 법이 있고 처벌할 국가기관이 있는데도 오직 중형을 내리기 위해 범죄인을 다른 나라로 보낸다는 것은 이 규범을 '이용'하는 것일 뿐이다. 혼동하지 말자. 대한민국이 처벌을 '잘'하는가 하는 문제는 이 규범에서 다루는 내용이 아니다.

이번 사건에서 인도 거부 결정을 내린 판사들은 엄히 단죄할 수 없는 현실과 쏟아질 비난을 감수하면서도 규범 자체의 목표에 충실한 결정을 내렸다. 그리고 대한민국의 사법권 행사를 포기했을 때 나타날 수 있는 불이익, 즉 범죄인을 인도함으로써 해당 사이트 국내 회원들에 대한 수사를 중단할 수밖에 없는 결과를 포기하지 않았다.

결정문에서 놓치지 말아야 할 대목이 있다. "아동·청소년 이용

음란물의 소비자이자 잠재적인 제작자 또는 배포·판매자가 될 수 있는 우리 사회의 D 사이트 회원들에 대한 발본색원적인 수사가 이뤄져야만 이와 같은 아동·청소년 이용 음란물 관련 범죄가 근절될 수 있을 것이고, 이는 아동·청소년 성착취 범죄에 대한 엄중한 처벌과 그 예방과 억제를 위한 국제사회의 공동 대응 노력에 부응하는 것으로서, 관련자에 대한 수사와 합당한 처벌을 통해 이 사건 조약의 취지를 실효적으로 달성할 수 있을 것이다."

그렇다면 무엇이 잘못인가?

판결문 내용을 추적하는 중 가장 눈에 띄는 대목이 있었다.

3055개 아동·청소년 이용 음란물을 사이트에 게시해 4073명 회원에게서 7293회에 걸쳐 415.53026469비트코인(한화로 4억 667만 4621원 상당)을 지급받고 아동·청소년 이용 음란물을 판매·배포·제공하고 공연히 전시하는 등으로 아동·청소년의 성보호에 관한 법률 제11조 제2항(법정형 10년 이하의 징역) 위반, 정보통신망 이용촉진 및 정보보호 등에 관한 법률 제74조 제1항 제2호(법정형 1년 이하의 징역 또는 1천만 원 이하의 벌금) 위반의 죄를 저지른 피고인에게, 1심에서 검찰이 징역 3년을 구형했고 법원은 징역 2년 및 집행유예 3년의 형과 암호 화폐 몰수, 3억 5천만 원의 추징을 선고했다는 점이다. 2심도 징역 1년 6월의 형과 몰수 및 추징에 그쳤다.

문제는 여기에 있다. 도대체 검찰이 징역 3년을 구형했던 이유는 무엇인가? 거기에 반응해 집행유예를 선고한 법원은 과연 어떤 의도를 갖고 있었을까? 이들은 자신의 판단을 이해한 사람이 몇 명이나 될 것으로 생각했을까? 아니, 국민의 이해를 신경 쓰기나 했을까? 도저히 이유를 알 수 없다. 이들의 구형과 판결이 달랐다면 우리는 이렇게 분노할 필요가 없었을 것이다.

법 또한 마찬가지다. 앞서 말한 청소년성보호법 제11조 제2항의 법정형은 2020년 6월에서야 5년 이상의 징역형으로 바뀌었다. 누구도 아니라 어린이가 성착취의 피해자였는데 말이다.

'괴리'는 여기서 시작된다. 터무니없이 정의와 멀어진 법, 검찰권, 사법권, 그리고 묵인된 전관예우. 각자 익숙한 경로에 의존해온 이들의 행태에 국민은 좌절하고 분개할 수밖에 없다. 국민의 납득이 필요 없다고 생각한다면, 납득이 왜 필요한지를 강제로라도 알려줘야 한다. 인도 거부 결정을 한 판사들은 결정문에서 범죄인을 인도하지 않는 대신 "아동·청소년 이용 음란물 관련 범죄의 예방과 억제"를 강화할 기회로 삼자고 제안했다. 법과 권력에 대한 처절한 반성과 개혁을 통해 흉악범에게 우리 스스로 납득할 만한 형벌을 내릴 수 있는 구조로 바꿔야 한다. 그 시작 또한 지체할 수 없다.

서울고등법원 형사20부(재판장 강영수) 2020.7.6. 선고 2020토1 결정

헌법재판소의 '현실'에는 장애인이 없다

**점자형 선거공보 면수 제한은 공직선거법상
헌법 위반이 아니라는 헌법재판소 결정**

김재왕 변호사

천자문 뜻풀이를 1천 자 이내로 해야 한다면 그 뜻을 다 쓸 수 있을까. 이는 '천지현황(하늘은 검고 땅은 누렇다)'만 봐도 불가능함을 알 수 있다. 그런데도 1천 자 이내로 글자 수를 제한한다면 결국 그 수에 맞춰 내용을 적게 되고 아마 전체 내용의 4분의 1 정도만 적을 수 있을 것이다. 비슷한 일이 시각장애인에게 제공되는 점자형 선거공보(점자 공보)에서 일어나고 있다.

점자는 1.5밀리미터 크기의 양각 점 6개로 구성돼 손으로 읽는 문자다. 묵자(일반적으로 쓰이는 문자)는 글자 크기를 조절할 수 있지만 점자는 세로 6밀리미터 가로4밀리미터 정도로 그 크기가 고정돼 있다. 묵자는 초성, 중성, 종성을 묶어 한 영역에 나타낼 수 있지만 점자는 한 영역에 하나의 자음이나 모음만을 나타낼 수 있다. 또 점자책이 종이의 양면을 사용하려면 줄과 줄 사이를 8밀리미터 정도로 띄워 반대면의 점자와 겹치지 않게 해야 한다. 그래서 일반적으로 점자책은 묵자책의 세 배가량 분량이 된다.

공직선거법 제65조 제2항은 공정성을 위해 책자형 선거공보(보통 선거공보)의 면수를 제한하고 있고, 같은 조 4항은 점자 공보를 책자형 선거공보의 면수 이내에서 작성할 수 있다고 규정하고 있다. 그래서 후보자나 정당들은 제한된 면수에 맞게 책자형 선거공보의 내용에서 핵심어나 구호, 복지 정책 위주 내용을 뽑아 점자 공보를 작성하고 있다. 그에 따라 시각장애인은 정보를 비장애인과 동등하게 얻지 못하고 있다. 시각장애인을 위해 만드는 점자 공보가 시각장애인을 차별하는 셈이다.

이 정도면 됐다는 차별적인 시각

왜 이런 제한을 두었을까? 현실적 어려움과 비용 때문이란다. 점자 공보의 면수를 제한하지 않으면 그 내용이 늘어나는데, 작성하는데 지금의 점자 출판 시설과 점역·교정사 등으로는 부족하고 두껍고 무거워진 점자 공보는 발송할 때에도 어려움이 있다고 한다. 그리고 국가나 지방자치단체가 점자 공보 작성 및 발송 비용을 부담하는데 그 비용이 과다하다는 점도 고려했다고 한다. 현실적 어려움과 비용 때문에 시각장애인에게 제공하는 선거 정보량을 줄인 셈이다.

다른 방법이 없을까? 기술이 발전하면서 시각장애인은 다양한 방법으로 정보를 얻고 있다. 그중에는 점자를 읽지 못하는 이도 많다. 지금은 점자 해독 능력과 상관없이 시각장애인에게 일률적으로 점자 공보를 발송하는데, 점자 공보 우편 발송과 선거공보 전자파일

다운로드 등 다양한 수령 방법을 제공하고 자신에게 맞는 방법을 선택하게 하면 지금보다 점자 공보를 수령할 인원수가 줄어들 것이다. 그러면 점자 공보를 작성하고 발송할 때 생기는 어려움과 비용도 줄어들게 되어 점자 공보를 원하는 시각장애인에게 면수 제한 없이 정보를 제공할 수 있다.

그런데도 헌법재판소는 점자 공보 면수 제한 규정을 합헌이라고 보았다. 점자 공보는 선거권 행사를 용이하게 하는 수단인데, 입법자인 국회가 당시의 기술 수준이나 사회적·경제적 여건을 종합적으로 고려해 작성 방식 등을 정할 자유가 있고 지금 방식도 합리적이라는 것이다. 이런 판단은 점자 공보를 국가가 제공해야 할 것이 아니라 제공하면 좋은 것으로 본 데서 기인한다. 좀 부족하더라도 이만큼 했으니 됐다는 것이다. 철저히 수요자가 아니라 공급자의 시각이다.

헌법에는 비용과 기술 대신 선거권과 평등권이 적혀 있다

헌법 제1조 국민주권의 원리는 국민의 합의로 국가권력을 조직한다는 것이다. 그러려면 주권자인 국민이 정치 과정에 참여하는 기회가 되도록 폭넓게 보장될 것이 요구된다. 오늘날의 민주정치 아래에서 선거는 주권자인 국민이 그 주권을 행사하는 통로다. 이런 국민주권의 원리와 선거를 통한 국민 참여를 위해 헌법 제24조는 선거권을, 헌법 제11조는 평등권을 규정하고 있다.

그러므로 선거권의 내용과 절차를 법률로 규정하는 경우에는 국민주권을 선언하고 있는 헌법 제1조, 평등권에 관한 헌법 제11조 등의 취지에 부합하게 해야 하고, 민주주의 국가에서 국민주권과 대의제 민주주의의 실현 수단으로서 선거권이 중요한 의미를 갖기 때문에 입법자는 선거권을 최대한 보장하는 방향으로 입법해야 한다.

그리고 선거권을 제한하는 입법은 헌법 제37조 제2항에 따라 필요하고 불가피한 예외적인 경우에만 그 제한이 정당화될 수 있다. 그런데 헌법재판소의 이번 결정은 다른 대안을 살피지 않고, 단지 현실적인 어려움과 비용을 이유로 시각장애인을 차별하는 조항을 헌법에 어긋나지 않는다고 판단한 잘못이 있다.

장애인이 우리 사회에서 소수자로 지내왔음은 부정할 수 없고 그들에 대한 불평등과 차별은 정치적 의사 결정 과정에서 소외됨에 따라 더욱 공고해져왔다. 정치적 의사 결정 과정에서의 소외는 교육과 직업, 교통 등 다양한 생활 영역에서 차별을 시정할 통로를 차단했으며, 그런 차별은 다시 그들이 비장애인과 동등하게 정치적 의사 결정에 적극적으로 참여할 길을 막는 악순환으로 이어졌다.

이런 상황에서 국회가 알아서 점자 공보 면수 제한을 시정할 리 없다. 사법부는 다수결에서 소외되기 쉬운 소수자의 인권을 보호해야 하는데, 이번 결정은 그 역할을 하지 못했다.

헌법재판소 2020.5.27. 선고 2017헌마813 결정

지속적인 문제 제기로 2020년 12월 29일 후보자가 점자형 선거공보를 책자형 선거공보의 면수의 두 배 이내에서 작성할 수 있도록 공직선거법 제65조 제4항이 개정되었고, 후보자가 시각장애 선거인에게 책자형 선거공보 파일을 저장한 매체를 제공할 수 있도록 공직선거법 제65조 제11항이 신설됐다.

보건복지부와 삼성서울병원, 누가누가 더 못했나

메르스 늑장 조치 관련 삼성서울병원 과징금 부과 및 손실보상금 지급 거부처분 취소 판결

김도희 변호사

2020년 1월 22일 서울고등법원은 2015년 메르스(중동호흡기증후군) 사태 당시 '슈퍼 전파자'로 불린 14번 감염자에 대한 '늑장 조치'를 둘러싸고 삼성서울병원이 보건복지부를 상대로 제기한 소송에서, 1심과 같이 '복지부가 삼성서울병원에 부과한 806만 원 과징금을 취소하고 607억 원 손실보상금을 지급하라'며 원고 승소 판결을 내렸다. 1심과 2심 모두 삼성서울병원의 손을 들어준 것이다. 피고는 상고했으나 대법원에서도 심리불속행으로 확정됐다. 1심부터 3심까지 일관되게 삼성서울병원의 손을 들어준 것이다. 그렇다면 2015년 메르스 확산의 최대 진원지가 됐던 삼성서울병원에 대한 많은 사회적 비판은 단순한 억측에 불과할까.

삼성서울병원에 대한 주된 비판은, 정부가 초기에 메르스 감염 경로를 차단해 전체 방역망을 구축해야 했는데도 불구하고 삼성서울병원 내 방역에 대해서는 사실상 병원에 맡기고, 삼성서울병원은 자체 격리 조치와 감염 통제를 소홀히 했다는 것이었다. 특히 메르스 확진 판정을 받은 삼성서울병원의 의사와 이송 요원 등이 증세가 있는 기간에도 격리 대상에서 빠진 채 치료와 환자 이송 업무를 계속한 사실이 밝혀지면서 사회적 비난은 거세졌다. 급기야 2015년 6월 14일 삼성서울병원은 사과 기자회견을 열고 '부분 폐쇄' 결정을 발표하기에 이르렀다.

그러나 이번 소송에서 쟁점은 삼성서울병원의 초기 자체 방역 실패에 대한 책임이 아니라 오직 14번 감염자의 비非밀접 접촉자의 연락처 등 명단 제공 지연에 대한 책임에 국한됐다. 왜냐하면 보건복지부가 삼성서울병원에 과징금을 부과하고 손실보상금을 지급하지 않은 이유는 14번 감염자의 접촉자 명단에 대한 제공 지연뿐이기 때문이다. 따라서 이번 소송만으로는 당시 사회적 비판이 무엇이었는지 그 전체적 진실을 확인할 길이 없다는 기본적인 한계가 있다.

메르스 첫 감염자가 확진으로 발표된 날은 그해 5월 20일이었고 14번 감염자는 1번 감염자로부터 2차 감염된 것으로 알려졌다. 5월 27일 그는 삼성서울병원 응급실에 도착해 2박 3일간 입원했고 입원 기간 동안 81명을 3차 감염시킨 것으로 드러났다. 14번 감염자가 확진 판정을 받은 날은 5월 30일이었다.

정부는 메르스 일일 점검회의에서 '서울삼성병원으로부터 14번 환자 접촉자 명단을 직접 확보하라'고 지시했고, 질병관리본부의 역학조사관과 보건복지부 공무원이 삼성서울병원에 접촉자 명단을 제출하라고 요구했다. 이에 서울삼성병원이 '연락처가 포함된' 678명 전체 명단을 최종 제출한 것은 6월 2일이었고, 복지부에서 보건소 등에 명단을 통보한 것은 6월 7일이었다.

결국 14번 감염자에 대한 확진 판정일인 5월 30일부터 보건소 등에 접촉자 명단이 통보되어 접촉자에 대한 공개적인 관리가 시작된 6월 7일 사이 일주일가량 간극이 발생했다. 그 간극은 명단 제출을 지연한 삼성서울병원과 명단을 받고도 방치한 복지부 모두의 잘못이었다. 이런 상황에서 늦게 제출한 측이 방치한 측을 상대로 명단 제출 지연에 따른 책임을 질 수 없다고 소송을 제기했고, 법원은 이를 받아주었다.

법원은 우선 적법한 명단 제출 요구가 없었다고 보았다. 즉 복지부의 명단 제출 요구 과정에 절차상 하자가 있고, 역학조사관과 복지부 공무원의 요구 간에 혼선이 있었으며, 명단에 연락처를 기재할 것을 명확히 요구했는지 불분명했다는 것이다. 이어 법원은 삼성서울병원이 역학조사관들에게 전자 의무기록 데이터베이스 접근 권한을 제공했는데 그 이상으로 새로운 자료를 작성해 제공할 의무까지 있다고는 볼 수 없고 복지부가 명단을 제출받고도 나흘 가량 방치한 잘못이 작지 않다며, 삼성서울병원이 고의적으로 명단 제출을 지연한 것으로 보이지 않는다고 판단했다.

그러나 법원이 외면한 사실이 있다. 애초에 삼성서울병원이 연락처가 포함된 명단과 연락처가 없는 명단을 구분해 관리하며 메르스 초기에 정부로부터 명단 제출을 요구받을 때마다 연락처가 없는 명단만 제출하다가 6월 2일에야 전체 명단을 제출했다는 사실이다. 한 손에는 이미 연락처가 포함된 명단을 갖고 있으면서 굳이 연락처가 없는 명단만 제출했고, 역학조사관들에게는 전자 의무기록 데이터베이스 접근 권한을 제공하며 알아서 명단을 작성하라고 한 것이다. 도대체 왜?

역학조사관들이 접촉자 명단을 요구한 이유는, 메르스의 차단과 확산 방지를 위해 접촉자들에게 '메르스에 노출됐을 가능성'과 '메르스 감염 확산을 막기 위한 주의 사항'을 안내하기 위해서다. 따라서 접촉자 명단에서 가장 핵심은 연락처라고 할 수 있다. 그러나 병원 입장에서는 피하고 싶은 심정이었을 것이다. 왜냐하면 정부가 직접 그들에게 연락하면 병원 이름까지 금세 소문이 나서 신뢰에 타격을 입을 테니까. 따라서 최대한 공개를 늦추며 조용히 자체적으로 처리하는 것이 병원 이익에 부합한다고 생각했으리라는 합리적 추론이 가능하다. 그럼에도 법원은 삼성서울병원이 명단 제출을 지연할 동기나 이유가 없다고 단정했다.

1854년 런던에서 콜레라가 유행했을 당시 대다수 사람들은 콜레라가 공기에 의해 전파된다고 생각했다. 그때 의사인 존 스노는 매일같이 콜레라가 발병한 집을 방문 조사해 '공중 펌프'에 의해 오염된 물이 질병의 원인이라는 사실을 밝혀내어 콜레라의 확산을 막아냈다.

이것이 보건 역학의 시초이고, 초기에 감염 경로를 파악하고 차단하는 것이 방역의 핵심이라는 인식도 자리 잡을 수 있었다. 그러나 메르스 초기의 삼성서울병원은 자본의 이익 추구 속성에 따라 접촉자의 연락처가 포함된 명단을 제때 제출하지 않았고, 이것은 다분히 의도적인 지연 행위였다. 다만 복지부의 무능으로 인해 그 민낯이 가려지고 있을 뿐이다.

서울고등법원 행정5부(재판장 배광국) 2020.1.22. 선고 2018누77472 판결
대법원 2부(주심 박상옥) 2020.5.14. 선고 2020두34049 판결

2019

원어민 강사에게 에이즈 검사를 강제한 것은 인권 침해라는 판결

'사이버 망명' 불렀던 정진우 전 노동당 부대표 카톡 압수수색에 대한 손해배상 소송

강제집행 과정에서 발생한 상해에 대한 국가배상 판결

국정 농단 사건에 대한 대법원의 파기환송 판결

세월호 참사 보고 시간 조작 등 사건 관련 책임자들 집행유예 및 무죄 판결

홈플러스 개인정보 판매는 유죄 인정했으나 범죄 수익을 추징하지 못한 판결

양승태 대법원의 판례를 유지해 과거사 재심 무죄 사건의 국가배상을 거부한 판결

약학정보원과 IMS헬스의 환자 질병 정보 불법 수집·매매에 대한 손해배상 소송

위: 2020년 12월 점자형 선거공보를 책자형 선거공보의 면수의
두 배 이내에서 작성할 수 있게 공직선거법이 개정됐다.　**사진** KBS 뉴스 캡처

아래: 궁중족발 강제집행.　**사진** MBC 뉴스 캡처

한 원어민 교사가 우리 시대의
외국인 혐오에 던진 경종

원어민 강사에게 에이즈 검사를 강제한 것은 인권 침해라는 판결

한상희 교수

2019

공포는 혐오가 움트는 최적의 토양이다. 그 공포의 원인이 과학적으로 증명되지 않거나 유언비어에 가까운 집단 심리에 의할 때에는 더더욱 그러하다. 그리고 이런 허무맹랑한 혐오는 대중 추수주의에 물들기 쉬운 국가에 의해서도 간단히 이뤄진다. 2009년 이주 노동자에게 에이즈(HIV) 검사를 강요한 교육부와 한 광역시 교육청의 조치를 불법적 차별이라 판단하고 그에게 국가가 3000만 원을 배상할 것을 선고한 서울중앙지방법원의 판결은 이를 잘 보여준다.

사건의 내역은 이러하다. 뉴질랜드 사람인 A는 2008년 8월 입국해 울산의 한 초등학교 원어민 영어 보조교사로 근무했다. 이때 그는 고용 계약에 따라 자발적으로 에이즈와 마약 반응 검사 등의 검진을 받고 결과를 제출했다. 그런데 1년 후인 2009년 원어민 영어 교육 사업(EPIK)을 주관하던 국립국제교육원은 원어민 교사에게 마약과 에이즈 등에 대한 검사를 받고 결과를 제출할 것을 의무 사항으로 규정한 '2009년도 지침'을 마련했다.

지난 1년 동안 원어민 교사로 좋은 평가를 받으며 재계약하자는 제안을 받고 있던 A는 그 지침이 외국인을 차별하는 조치라는 이유를 들어 건강검진을 거부했다. 그러자 교육감은 그를 재계약 대상에서 빼버렸고, A는 어쩔 수 없이 2009년 9월 한국을 떠날 수밖에 없었다.

A는 그 지침이 자신의 평등권, 근로의 자유, 직업 선택의 자유, 사생활의 비밀과 자유 등 인권을 침해한다고 주장했다. 이런 기본권을 보장하는 헌법, 근로자에게 에이즈 검진 결과서 제출을 강요할 수 없게 한 (구)후천성면역결핍증예방법, 더 나아가 자유권규약, 사회권규약, 인종차별철폐협약 등 국제 인권 규범에도 반한다고 본 것이다.

이에 그는 2009년 7월 국가인권위원회와 대한상사중재원에 이런 차별적 조치를 고발하는 진정을 했으나 이듬해 4월과 6월 각각 거부됐다. 하지만 유엔은 달랐다. 그는 2012년 12월 유엔 인종차별철폐위원회에 사건을 진정했고 위원회는 2015년 5월 제86차 회의에서 국가인권위원회의 각하 결정 자체가 인권 침해라는 결정을 내렸다.

한국계 외국인 교사나 한국인 교사에게는 실시하지 않는 에이즈·마약 검사를 외국인 교사에게만 강제하는 것은 인종차별철폐협약을 위반한 차별인데도 아무런 구제 조치를 하지 않았다는 것이다. 위원회는 한국에 A에게 적절한 보상을 제공하는 한편 외국인 혐오에 대한 대책을 마련하는 등 조치를 하라고 권고했다(이후 유엔 자유권위원회와 사회권위원회도 같은 취지의 결정을 내렸다).

서울중앙지방법원의 판결은 유엔 인종차별철폐위원회의 결정과 맥을 같이한다. 교육청이 A에 대해 에이즈 검진을 요구한 것은 (구) 후천성면역결핍증예방법 위반인 동시에 "감염인 또는 감염인으로 오해받아 불이익을 입을 처지에 놓인 사람에 대한 (국가의) 보호 의무를 저버린, 위법성이 농후한 행위로서 사회질서에 위반되는 행위"이며 "객관적 정당성을 상실한 위법행위를 저질렀"다고 판단한 것이다.

당시는 원어민 영어 교육 광풍에 따라 외국인 강사들이 급격히 늘어나면서 자녀들에게 '본토식' 영어를 가르쳐야 한다는 욕망과 영어권 외국인에 대한 막연한 거부감이 교차하던 시기였다. 틈틈이 보도되는 '불법 외국인 영어 강사'와, '한국 여성과 원어민 강사의 교제'에 대한 왜곡된 반감, 극소수 원어민 강사들의 법 위반 행위에 대한 생소함 등등이 1990년대부터 급격히 증가한 외국인 거주자에 대한 편견과 혐오를 가중시켰고, 여기서부터 '원어민 강사들로부터 우리 아이들을 보호하자'라는 요구들이 가시화되고 있었던 것이다. '성추행-에이즈 위협까지… 일부 외국인 강사 변태 행각 충격"(스포츠조선, 2007.5.27.)과 같은 가십성 기사는 이런 불안에 불을 붙인다.

'2009년도 지침'은 이런 당대의 공포 위에서 만들어진다. 내국인 교사나 한국계 외국인 교사에 비해 일반 외국인이 에이즈에 감염되거나 그럴 우려가 크다는 것이 증명되지 않은 상태에서, 그래서 "갑작스러운 정책 변경을 정당화할 만한" 그 어떤 사정도 없는 상황에서 지침이 만들어졌다.

판결이 지적하듯 2007~2009년에 경기도교육청에서 에이즈 양성 반응으로 계약 해지된 원어민 교사는 겨우 3명에 불과하며 2013~2017년엔 아예 존재하지도 않았다(더구나 2010년부터는 이런 에이즈 검사를 요구하는 지침 자체가 폐지되기까지 했다). 그럼에도 한국이라는 국가는 이런 식의 외국인 차별과 혐오를 단 한 치의 반성도 없이 '2009년도 지침'이라는 이름으로 가공해버렸다.

그래서 A의 처절한 투쟁을 두고 "결코 권리 위에 잠자고 있지 않았음"이라 표현한 판결문은 "(5년이라는 국가배상 청구권의) 소멸시효 완성을 주장하며 채무 이행을 거절하는" 대한민국의 뻔뻔함을 지적하는 수준을 넘어선다. 그것은 "원고의 조치에 대해 다투기만 할 뿐 현재까지도 책임 있는 조치를 취하지 않고 있"는 피고 대한민국의 반인권적 처사에 대한 신랄한 비난이자 외국인 혐오의 현실을 과감히 깨뜨려나가지 못하는 우리 모두에게 던지는 뼈아픈 경종이다.

A의 진정을 받아들인 유엔 인종차별철폐위원회의 결정에 따라 법무부는 2017년 7월 외국인 강사에게 에이즈 검사를 강제하던 고시를 폐지했다. 그리고 서울중앙지방법원의 판결에 대해 피고 대한민국은 더 이상 상소를 포기하고 그나마 인권 보장에 철저하지 못했던 데에 반성하는 모습을 보이기도 했다.

이번 판결의 의미는 여기서 그치지 않는다. 국가가 저지른 반인권적 행위에 대해 국제 인권 기구가 구제 결정을 내린 경우 국가배상을 요구하는 청구권의 소멸시효는 그 결정이 내려진 때로부터 시작할 수 있다는 판결의 내용 또한 우리의 인권을 보장하는 또 하나의 발판으로 자리매김된다. 민변과 경향신문이 이번 판결을 2019년

디딤돌 판결로 선정한 것은 그래서 당연지사다. 사족이지만 10년 전 A의 진정을 각하한 국가인권위원회는 판결에 대해 어떤 반응을 보였는지 알 수 없어 아쉽다.

서울중앙지방법원 민사35단독(김국식) 2019.10.29. 선고 2018가단5125207 판결

'팩스 영장'에 고객의 통신 내용을 제공했는데 회사는 책임 없다?

'사이버 망명' 불렀던 정진우 전 노동당 부대표
카톡 압수수색에 대한 손해배상 소송

장여경 상임이사(사단법인 정보인권연구소)

정진우 노동당 전 부대표가 연행된 것은 2014년 6월 10일 청와대 앞에서 열린 집회에서였다. 두 달 전 발생한 세월호 참사의 진상 규명과 책임자 처벌을 요구하는 집회였다. 선장과 선원들이 탈출하는 동안 "가만히 있으라"는 지시에 따른 탑승객들은 구조되지 못했고 304명이 사망하거나 실종됐다.

해경을 비롯해 국민의 생명을 보호해야 마땅했던 국가기관들은 대통령의 눈치만 보며 두 손을 놓았다. 사회적 참사에 국민은 분노했고 더 이상 가만있지 않겠다며 그해 5월부터 청와대 앞 행진이 시작됐다. 그러나 경찰은 청와대 주변의 추모 집회를 모두 금지하고 청와대에 이르는 모든 길목을 봉쇄했다.

서울종로경찰서는 세월호 추모 집회에서 연행된 정진우 부대표를 일반교통방해 혐의로 수사하며 카카오톡 대화방을 압수·수색했다. "2014년 5월 1일 00:00:01부터 같은 해 6월 10일 23:59:59까지 카카오톡 메시지 내용, 대화 상대방의 아이디 및 전화번호, 대화 일시, 수·발신 내역 일체, 그림 및 사진 파일"에 대한 압수·수색 영장이 6월 16일 발부됐고 6월 19일 영장 사본이 카카오에 팩스로 도달했다.

카카오는 6월 20일 경찰청 전자메일로 압수물을 송부했다. 이때 압수물에는 '단톡방' 참여자의 아이디 및 전화번호를 비롯해 일시별 메시지 내용까지 모두 포함돼 있었다. 정진우 한 사람의 압수물에 포함한 대화방이 47개, 대화방 참여자들은 모두 2368명에 달했다.

카카오톡 압수·수색은 세월호 참사에 대한 시민들의 자발적 추모에 가해진 국가권력의 탄압이었다. 정진우 본인뿐 아니라 그와 대화를 나눴다는 이유로, 혹은 단지 같은 대화방에 있었다는 이유로 함께 압수된 이들은 황당할 수밖에 없었다. 그들은 본인들의 개인정보와 카카오톡 대화 내용이 압수됐다는 사실조차 알지 못했다. 통신비밀보호법 제13조의3에 따라 그해 9월 16일에 이르러서야 정진우 본인에게만 압수·수색 사실이 통지됐다.

카카오톡 압수·수색을 두고 사회적 논란이 커졌다. 시민사회와 언론, 국회에서 카카오 회사 측이 이용자 보호에 소홀했다는 비판이 쏟아졌고 텔레그램 등 외국계 메신저로 '사이버 망명'이 줄을 이었다. 심지어 카카오 측에서 수사기관 편의를 위해 팩스로 도착한 영장에 응해 편법적으로 감청에 협조했다는 사실도 드러났다. 피해자들은 그해 12월 23일 법적 대응에 나서 헌법소원과 민사소송을 제기했다. 하지만 안타깝게도 헌법재판소와 법원은 많은 국민이 사건에 놀라고 분노한 이유를 충분히 이해하지 못하는 모습을 보였다.

우선 헌법재판소는 헌법소원 두 건에 대해 각각 각하와 기각 결정을 내렸다. 첫 번째 헌법소원(2014헌마1177)에서 청구인들은 카카오톡 압수·수색 영장이 대화 상대방을 특정하지 않은 것이 위헌적인 포괄 영장이며 단지 같은 대화방에 있었을 뿐인 청구인들의 아이디와 전화번호까지 압수한 수사기관의 처분이 위헌이라고 주장했다. 사건은 2015년 3월 24일 빠르게 각하됐다. 판사의 압수·수색 영장 발부는 법원의 재판으로서 헌법소원 심판 청구 대상이 될 수 없고, 수사기관의 처분에 대한 헌법소원은 준항고를 거치지 않고 제기되어 부적법하다는 이유였다.

두 번째 헌법소원(2014헌마1178)에서 청구인들은 통신비밀보호법 제9조의3에 따라 카카오톡 압수·수색을 집행한 경우 그 통지 대상을 수사 대상이 된 가입자로 한정한 법률 조항이 개인정보 자기결정권을 침해한다고 주장했다. 사건은 2018년 4월 26일 기각됐다. 전기통신의 특성상 수사 대상이 된 가입자와 전기통신을 송·수신한 상대방은 다수일 수 있는데, 이들 모두에게 압수·수색 사실을 통지한다면 수사 대상이 된 가입자가 수사를 받았다는 사실이 상대방 모두에게 알려지게 되어 가입자가 예측하지 못한 피해를 입을 수 있고, 통지를 위해 상대방의 인적 사항을 수집하는 경우 또 다른 개인정보 자기결정권 침해를 야기할 수도 있다는 이유였다.

그러나 헌법재판소가 사건을 충분히 검토했는지 의구심이 든다. 한 번의 압수·수색으로 수천 명의 개인정보가 제공됐는데도 그 사실을 알 수조차 없다는 것보다 더 심각한 정보 인권 침해가 있을 수 있을까?

그리고 국가와 카카오 회사를 상대로 제기한 민사소송에서 5년 만인 2019년 10월 2일 1심 결과가 나왔다. 압수·수색 당사자인 정진우 및 같은 대화방에 있다가 압수된 23명 피해자들은 대한민국과 카카오 회사에 대해 300만 원의 위자료를 청구했다. 그러나 서울중앙지방법원은 국가에 대한 정진우 부대표의 일부 승소만 인정했을 뿐 나머지 청구를 모두 기각했다. 특히 카카오 회사 측의 책임은 하나도 인정되지 않았다.

청구인들은 '팩스 영장' 집행과 과도히 많은 내용이 압수된 것이 위법하다고 주장했다. 경찰과 카카오 회사는 사건 영장을 모사 전송(팩스 전송) 방식으로 송수신했고 영장 원본이 제시된 적이 없었다. 카카오를 비롯한 인터넷 회사들이 수사기관의 편의를 위해 팩스로 영장을 받아 집행해온 것은 오래된 나쁜 관행이었다. 수사기관과 인터넷 회사들이 편의적으로 영장을 집행하는 동안 당사자는 참여할 수 없었고 통지를 받지도 못했다. 본래 형사소송법에서 압수·수색 영장을 집행할 때 당사자에게 보장하는 권리를 행사할 수 없었던 것이다.

이명박 정부 당시 이메일을 비롯해 송수신이 완료된 전기통신에 대해 과도한 압수·수색이 사회적 논란이 되자 2009년에야 통신비밀보호법에 통지 조항이 신설되면서 대상이 된 가입자만이 기소 시점에 통지받을 수 있었다. 한순간에 방대한 양의 대화 내용이 압수된 수천 명에게는 통지받을 권리조차 없었다. 그럼에도 법원은 수사기관의 잘못된 관행을 바로잡고 국민의 기본권을 보호하는 일을 포기했다.

특히 법원은 "사법경찰관이 수사에서 압수·수색을 할 때 (…) 피압수자가 아닌 피의자나 그 변호인에게 참여 기회를 부여할 필요는 없다고 해석함이 타당하다"고 보았다.

즉 카카오톡 대화방이 압수될 때 형사소송법에서 보장하는 참여 및 통지 권리가 압수되는 대화 당사자가 아니라 압수되는 저장 공간이 소재한 카카오 회사에 우선 있다는 것이다. 충격적이다. 카카오 회사가 가입자를 위해 압수 내용에 대해 방어해주기라도 할 것이란 말인가. 디지털 매체와 통신이 우리 생활에 밀접해질수록 그에 대한 헌법적 보호가 과거보다 더욱 강력히 요구되는 시대가 아닌가.

2011년 형사소송법 제106조에 법원의 정보 저장 매체 사본 압수에 대한 조항(제3항)이 신설되고 그 사실에 대해 정보 주체에게 지체 없이 알리게 한 것(제4항)도 이런 시대 변화와 국민의 요구를 반영한 것이었다. 그런데 법원은 수사기관의 압수가 이와 다른 문제라고 보았다. 수사는 긴급성과 밀행성이 확보돼야 한다는 것이다. 그러나 이번 사건에서 카카오톡 대화방이 압수됐던 시점에 정진우 부대표는 구속된 상태였다. 무엇이 그렇게 급속을 요했다는 것일까.

또 법원이 팩스 영장 집행에 대해 경찰 측의 위법을 일부 인정하고 손해를 배상하게 했는데도 카카오 회사에 대해 면죄부를 준 것 또한 납득되지 않는다. 팩스로 집행됐어도 영장 집행은 강제처분이고, 원본 영장을 제시해야 할 의무는 수사기관에 속할 뿐 피압수자인 카카오 회사가 이용자를 위해 이를 확인해야 할 의무가 없다는 논리였다.

결과적으로 카카오톡을 비롯해 오늘날 국민이 민감하게 생각하는 메신저의 대화 내용에 대해 과도히 이뤄진 압수·수색 사건에서 법원은 지나치게 국가와 기업에 관대했다. 사이버 망명까지 불사했던 국민들은 아무런 잘못이 없는 경찰과 카카오 회사에 화를 냈던 셈이 됐다. 그러나 법원은 이어진 항소와 상고 역시 잇달아 기각했다.

법원의 이런 입장은 인터넷 이용자이자 정보 주체인 시민들의 정보 인권을 소홀히 취급하는 것이다. 일상생활의 더 많은 부분이 통신 매체에 의존할수록 국가기관이나 막강한 권력을 가진 제삼자가 우리의 통신 내용을 보겠다고 요구하는 일이 늘어날 것이다. 그리고 통신 내용은 과거보다 더 많이, 더 손쉽게 제삼자에 공개될 수 있다. 누가 이것을 견제할 수 있을까. 자신의 통신 내용이 충분히 보호받지 못한다고 생각하는 순간 집회·시위의 자유를 비롯해 행동의 자유, 더 나아가 국가에 불복종할 수 있는 국민의 권리조차 위축될 것이다.

디지털 시대에 걸맞은 통신의 비밀을 보장받기 위한 여정이 험난하다. 그렇더라도 자신의 휴대전화 속 메신저의 비밀을 소중히 생각하는 국민의 도전은 앞으로 계속될 것이다.

서울중앙지방법원 민사26단독(오민석) 2019.10.2. 선고 2014가단5351343 판결

궁중족발 강제집행…
승패가 엇갈린 1심 판결과 2심·대법원 판결

강제집행 과정에서 발생한 상해에 대한 국가배상 판결

이강훈 변호사(법무법인 덕수)

'궁중족발 사건'은 서울 중구 체부동('서촌'으로 알려진 동네)의 '궁중족발' 가게가 있는 건물을 임대인 B가 사들인 뒤 가게 주인인 임차인 A와 재계약을 하지 않고 내보내면서 임대인과 임차인 간에 분쟁이 격화된 사건이다. 이와 관련해 2018년 6월 강제집행 과정에서 A는 손가락 4개가 일부 잘리는 상해를 입었다.

임차인 A는 국가와 임대인 B, 집행관 C, 노무자 D, 용역 회사 E 등을 상대로 손해배상 청구소송을 제기했는데 2019년 9월 24일 서울중앙지방법원 1심 소송에서 원고 일부 승소 판결이 나왔다. 1심 법원은 집행관의 위법행위를 인정해 국가에는 국가배상 책임을, 노무자들과 용역 업체에는 불법행위 책임과 사용자 책임을, 집행에 불법적으로 가담한 임대인에게도 손해배상 책임을 인정했다.

그런데 2021년 4월 6일 서울중앙지방법원 항소심 판결에서는 반대로 1심 판결에서 패소한 피고들의 패소 부분이 취소되고 원고의 청구가 전부 기각됐고, 2023년 4월 27일 상고심 판결에서는 항소심의 결론대로 확정됐다. 이 엇갈린 1심 판결과 2심·대법원 판결을 소개하는 이유는 적법한 강제집행에 대한 법원의 인식이 개선돼야 할 필요성이 확인되기 때문이다.

서울중앙지방법원 1심 판결에서 국가의 배상 책임을 인정한 가장 중요한 근거 중 하나는 집행관이 사용하는 집행 보조자가 사람을 끌어내는 적극적 유형력을 행사하는 것이 권한을 벗어나 위법하다는 것이다. 1심 재판부는 집행관이 노무자에게 보조하게 한 업무는 잠근 문과 기구를 여는 기술적 조치나 짐을 옮기거나 싣는 것 같은 단순 노무 업무로 한정돼야 한다고 봤다. 1심 판결은 민사집행법과 집행관법, 집행관 규칙 등에 근거 규정이 없는데도 집행 보조자에 불과한 노무자가 사람의 신체에 대해 적극적 유형력을 행사하는 것은 위법하다고 보았다.

반면 서울중앙지방법원의 항소심 판결에서는 "집행관이 강제집행을 실시하면서 그에 대한 방해 행위를 배제하기 위해 강제력을 행사한 경우, 그것이 명백한 권한 남용에 해당된다고 볼 만한 특별한 사정이 없는 한, 그러한 강제력 행사는 적법한 행위"이고, 집행관이 사용하는 "노무자 등도 강제력 행사가 가능한지, 가능하다고 할 경우 신체의 어느 부위까지 어떠한 방법을 사용할 수 있는 것인지 법령상 명확하게 규정되어 있지는 않"지만 "이는 집행관이 자신을 대신해 일종의 사실행위의 대행으로서 강제력을 행사하도록 하는 것이므로 노무자 등의 강제력 사용 자체만으로 집행이 위법해진다고 보기는 어렵고 구체적인 사건에서 노무자 등의 강제력 사용이 비례 원칙을 위반해 재량의 한계를 넘어섰는지가 사법부에 의한 규범적 통제의 대상이 된다"는 후퇴된 인식을 보였다. 대법원은 항소심 의견에 법리 오해의 잘못이 없다며 항소심 판결에 손을 들어주었다.

그러나 국가가 국민의 권리를 제한하는 행위를 할 때에는 당연히 법령에 근거가 있어야 하고 집행관이 사용하는 집행 보조자의 행위도 전체적으로는 국가 공권력의 행사인 집행행위의 일환이라는 점에서, 집행 보조자인 노무자가 사람의 신체에 대해 어떠한 유형력을 행사할 수 있는지를 두고 법령상 명확한 근거가 없다면 그와 같이 법령에 명확한 근거가 없는 유형력 행사는 위법하다고 법원이 선언했어야 한다고 본다.

한편 1심 법원은 단독제 사법기관인 집행관 C가 집행 보조자인 노무자들이 대법원 규칙을 위반해 노란 조끼를 입지 않고 채무자에게 적극적 유형력을 행사하는 상황을 방치하는 등 관리·감독 의무를 다하지 못해 인권 존중, 권력 남용 금지, 신의성실을 위반해 국민의 안전을 배려해야 할 직무상 의무를 다하지 못했고, 국가가 집행관의 위법한 직무 집행행위에 대해 배상 책임을 져야 한다고 봤다.

1심 법원의 판단으로는 임차인 A가 장갑이 이미 벗겨진 상태에서 끌려 나오지 않으려고 스테인리스 작업대 밑부분을 잡고 있는데 건장한 남성 3명이 A의 사지를 잡아당겼다는 것이다. 노무자 D가 합세해 A의 사지와 허리를, 또 다른 노무자가 A의 왼손을 힘껏 잡아

당겨 스테인리스 작업대에서 떼는 바람에 A는 손가락 일부가 절단되는 상해를 입었다. 이때 노무자들이 작업대 밑이 날카롭다는 것을 몰랐다 하더라도 어떤 상해가 일어날 것을 예상할 수 있었다는 것이다. 용역 업체 E는 사용자로서 노무자들의 불법행위에 대해 책임이 있다고 봤다.

반면 항소심 판결은 집행 노무자들이 원고의 손을 잡아떼는 과정에서 원고가 날카로운 받침대 밑부분에 손가락을 벨 것을 예상할 수 없었다거나 집행 보조자인 그들이 집행 조끼를 입지 않은 것이 관리지침 위반에는 해당하지만 상해와 관련성이 없다는 등의 이유로 집행관 C나 그의 지시를 받은 노무자들이 원고에게 주의 의무를 위반해 상해를 가했다고 인정하기 어렵다고 판단했다.

1심 판결이 집행관에게 노무자들이 집행 조끼를 착용하도록 조치할 의무, 노무자들의 직접적 유형력 행사를 방지할 감독 의무, 집행을 안전하게 수행해 국민의 안전을 배려할 직무상 의무를 인정한 반면, 항소심은 이보다 훨씬 후퇴된 인권 의식에 기초해 집행 보조자에 의한 과도한 유형력 행사를 조장할 우려가 있는 판결을 내놓았다는 점에서 문제가 있다.

1심 판결에서는 임대인 B에게도 손해배상 책임이 인정되었는데, 1심 판결은 B가 임차인 A를 끌어내는 행위에 직접 가담하고 다른 보조자 등에게도 집행행위를 지시하고 A의 배우자를 직접 끌어내는 행동을 했다고 인정한 반면, 항소심 판결은 B가 A의 상해에 직접 가담한 증거가 없고 원고를 직접 끌어내려다 다치게 한 노무자들의 불법행위에 대한 책임이 인정되지 않는다며 B의 책임이 없다고 보았다.

1심과 2심 판결 모두 명확한 판결을 회피한 문제가 임대인 B가 강제집행에 직접 관여한 부분이다. 적법한 강제집행이라도 채권자가 집행행위에 직접 가담하거나 자신이 직접 용역 업체 피용자들을 골라 집행관의 집행 보조자로 하도록 하고 실제로는 사실상 그들을 현장에서 지휘하는 것은 민법이 금지하는 자력 집행으로서 불법행위라고 판단했어야 마땅하다. 항소심 법원은 용역 업체 E에게도 면죄부를 주었다. 항소심 판결에는 문제의 행위를 한 노무자들이 민간 용역 업체인 E의 노무자들인지를 제대로 살펴보지 않은 문제점도 있다.

　강제집행 과정에서 폭력 행사가 반복되는 것을 방지하기 위해 2018년에 박주민 의원이 민사집행법 일부 개정안을 발의한 바 있으나 2020년 국회의원 임기 만료로 폐기됐고 이후 21대 국회에서는 이 문제가 제대로 논의조차 이뤄지지 못했다. 아마도 2020년부터 2022년까지 사이에 코로나19로 많은 상가가 비었던 점도 있고, 또 재개발과 재건축으로 강제집행이 줄어들면서 부동산 인도 집행을 둘러싼 분쟁이 줄고 사회적 관심이 떨어졌기 때문일지도 모른다. 그러나 유엔에서는 한국의 폭력적 강제집행이 반복되는 상황에 대해 여러 차례 우려를 표명했고, 폭력적 강제집행을 방치해온 법·제도는 아직도 충분히 개선되지 못했다. 한국도 이제 선진국이라는 자부심을 갖기 전에 아직도 법은 멀고 주먹이 가까운 야만적 사회의 모습부터 벗어나야 한다.

서울중앙지방법원 민사24단독(최용호) 2019.9.24. 선고 2018가단358 판결
서울중앙지방법원 민사2-1부(재판장 노태헌) 2021.4.6. 선고 2019나70836 판결
대법원 3부 2023.4.27. 선고 2021다226282 판결

국정 농단은 뇌물죄,
이 이야기가 법정에서 복잡했던 이유

국정 농단 사건에 대한 대법원의 파기환송 판결

이상훈 변호사(진실·화해를위한과거사정리위원회 상임위원)

2019년 8월 29일 대법원은 박근혜 전 대통령, 이재용 삼성전자 부회장, 최순실 셋에 대한 최종 재판을 동시에 선고했다. 최고 권력 인 대통령 주위에 고려 신돈 이후 최고 비선 실세라는 자가 활개를 치고 그 틈을 타 재벌들이 구린 냄새가 나는 뇌물로 그룹 현안을 해 결하려는 탐욕스러운 천태만상이 벌어졌다. 그리고 사건이 드디어 법적으로 일단락됐다.

셋의 판결문을 모두 합하면 143쪽으로 방대한데, 그중 핵심은 박 전 대통령과 이부회장 간의 뇌물죄 부분이므로 이 부분을 중심으로 살펴보는 것이 좋다. 사안이 중대할 뿐만 아니라 '경영권 승계 작업' 이라는 사회적 이슈까지 머금고 법리도 유무죄의 가르마가 복잡하 기 때문이다.

형법에서는 뇌물죄를 두 가지로 구분한다. 자신이 직접 받았을 때는 대가 관계가 증명되면 '단순 뇌물죄'가 되지만 제삼자가 받았을 때는 '부정한 청탁'까지 있어야 '제삼자 뇌물죄'가 된다. 뇌물을 자신이 받는 것과 제삼자가 받는 것을 똑같이 볼 수 없다는 취지다. 그런데 국정 농단 사건의 경우 경제적 이익을 얻은 쪽은 박 전 대통령이 아니라 최순실 모녀, 최순실의 조카 장시호, 최순실이 운영한 재단이었기 때문에 법리 구성이 문제 된다.

최순실 모녀가 받은 것에 대해선 단순 뇌물죄 여부가 다퉈졌다. 최순실은 자신은 삼자이므로 딸인 정유라에 대한 삼성의 승마 지원을 단순 뇌물죄로 처벌할 수 없다고 주장했지만, 대법원은 "최순실은 핵심 경과를 조종하거나 저지·촉진하는 등 박 전 대통령의 의사를 실행에 옮기는 정도에 이르렀다"라고 하며 배척했다. 최순실을 삼자가 아니라 사실상 박 전 대통령과 한 몸으로 본 것이다.

이때 최순실이 얻은 경제적 이익이 얼마인지가 문제 된다. 고급차의 소유권을 내가 가진 채 상대방 공무원에게 마음대로 타라고 하면 뇌물액이 얼마가 되는가 하는 문제와 같다. 2심에서는 말의 소유권이 삼성에 있으므로 뇌물은 공짜로 말을 사용할 수 있는 이익이고 그 이익은 계산할 수 없다고 판결했다.

뇌물액을 특정할 수 없으면 범죄 액수에 따라 형량이 가중되는 특별법이 적용되지 않으므로 이부회장으로서는 행복했다. 그러나 대법원은 실질적인 사용·처분 권한이 최순실에게 있는데도 뇌물이 액수 미상의 사용 이익에 불과하다고 보는 것은 상식에 반하고 뇌물은 말 자체라며 2심 판결을 파기했다.

형식상의 소유권일 뿐 사실상 고급차를 뇌물로 준 것과 같다며 2심 판결을 바로잡은 것이다. 말 구입액 34억 원이 뇌물로 특정되면서 이부회장의 뇌물과 횡령액이 그만큼 늘어났고, 이부회장은 좋다 말았다.

가장 큰 논란은 제삼자 뇌물죄가 적용된 장시호의 영재센터 지원 건에서 '부정한 청탁', 즉 이부회장의 경영권 승계 작업에 도움을 받으려는 묵시적 청탁이 있었는가에서 발생했다.

세상을 떠들썩하게 했던 삼성물산과 제일모직의 합병이 '작업'해서 이뤄졌는지, 하다 보니 그렇게 됐는지를 따지는 문제다. 2심은 이부회장에게 결과적으로 도움이 됐을 뿐 '작업'한 것은 아니라고 보았지만, 대법원은 '작업'한 것이라고 달리 판결했다.

그리고 2심은 박 전 대통령과 이부회장이 승계 작업의 형태를 정확히 특정해서 이야기를 나누지 않았으므로 '부정한 청탁'으로 볼 수 없다고 했지만, 대법원은 '작업'은 유동적이라 두 사람이 세세히는 모르더라도 뭔가 도움을 받기 위해 돈이 오간다는 것을 알았다면 '부정한 청탁'으로 볼 수 있다며 2심 판결을 파기했다.

대법원에서 승계 작업을 인정한 것은 매우 의미가 있다. 대법원에서 정의한 승계 작업이란 '이재용이 최소한의 개인 자금을 사용해 삼성전자와 삼성생명 등 삼성그룹 주요 계열사에 대한 지배력을 강화하는 개편 작업'이고, 삼성그룹은 미래전략실을 중심으로 뚜렷한 목적을 갖고 승계 작업을 조직적으로 진행했다고 인정했다.

누구나 다 아는 재벌 3세가 굳이 승계 작업이 필요한 이유는 적은 지분으로 많은 계열사를 복잡한 구조로 지배하기 때문이다. 전체 계열사를 깔끔히 지배하려면 200을 투자해야 하는데 겨우 10을 투자해 지배하고 이걸 다시 자녀에게 상속세까지 감안해 물려주려다 보니까 작업이 필요한 것이다. 이 당연한 결론을 얻으려고 많은 사람이 시간을 들여 달라붙었다.

보다시피 현재 뇌물죄 성립이 너무 어렵다. 새로운 기법의 뇌물이 속속 등장하는데 2개 법조항으로 모두 해결하려고 하니 법리만 복잡해진다. 어쨌든 돌고 돌아 말 구입액 34억 원과 영재센터 지원금 16억 원이 추가되어 이부회장은 86억 원 뇌물죄과 86억 원 횡령죄로 처벌받게 됐다.

그럼, 이부회장은 다시 감방으로 가느냐는 질문을 많이 받는다. 이 정도의 범행이면 통상 실형이 선고된다. 안두희를 살해한 박기서는 국민들의 구명 운동에 힘입어 사면으로 풀려났지만 이부회장에 대한 구명 운동은 쉽지 않아 보인다. 현재의 이순신 코스프레만으로는 말이다.

대법원 전원합의체(주심 노정희) 2019.8.29. 선고 2018도14303 판결(박근혜 전 대통령)
대법원 전원합의체(주심 김재형) 2019.8.29. 선고 2018도13792 판결(최순실 외 1인)
대법원 전원합의체(주심 조희대) 2019.8.29. 선고 2018도2738 판결(이재용 외 4인)

2021년 1월 18일 서울고등법원은 이재용 부회장(현재는 삼성전자 회장)에 대한 파기환송 후 판결에서 대법원 전원합의체의 파기환송 판결의 취지에 따라 회삿돈으로 뇌물 86억 8000만 원을 건넨 혐의를 유죄로 인정하면서 징역 2년 6월을 선고하고 법정 구속했다(2019노1937).

세월호 참사 보고 시간을 조작한
책임자들에게 면죄부를 준 법원

세월호 참사 보고 시간 조작 등
사건 관련 책임자들 집행유예 및 무죄 판결

서채완 변호사(민주사회를 위한 변호사모임 세월호참사대응TF)

세월호 참사가 발생한 지 벌써 5년이 넘는 긴 시간이 지났지만 참사의 진실에 대한 진상 규명과 철저한 책임자 처벌은 여전히 묘연하다. 지난 2017년 새로운 정부가 들어서고 나서야 뒤늦게 세월호 참사와 관련한 일부 책임자들에 대한 수사가 개시됐다. 그리고 법원은 최근에 들어 일부 책임자들에 대한 1심 판결을 하나둘씩 선고하고 있다.

법원이 가장 최근에 선고한 판결은 김기춘 전 대통령 비서실장, 김장수와 김관진 전 청와대 국가안보실장, 윤전추 전 청와대 행정관 등의 이른바 '세월호 참사 보고 시간 조작' '국가위기관리지침 불법 수정' '대통령 탄핵 심판 위증' 혐의에 대한 판결이다.

재판부는 판결에서 피고인 김기춘에게는 일부 혐의를 유죄로 판단해 징역 1년에 집행유예 2년을, 윤전추에게는 모든 혐의를 유죄로 판단해 징역 8월에 집행유예 2년을, 김장수와 김관진에게는 각각 무죄를 선고했다. 이번 판결의 유무죄 판단과 유죄가 인정된 피고인들에게 내려진 양형은 다소 납득하기 어려운 수준이다. 그 이유를 상세히 살펴보자.

먼저 피고인 김기춘은 허위 공문서 작성 및 행사죄로 기소됐다. 김기춘과 관련해 이번 판결에서는 세 가지 문서의 작성 경위와 허위성이 쟁점이 되었다. 쟁점이 된 세 문서는 구체적으로 최초 보고 시간을 사후적으로 참사 당일 09:30에서 10:00로 수정한 '상황보고서 1보,' 대통령비서실에서 참사 당일 작성한 보고서들이 박근혜 전 대통령에게 실시간으로 보고됐다는 취지로 작성된 '국회 서면 답변,' 그리고 '국회 대비 예상 질의응답 자료'다.

재판부는 기초 사실로서 참사 당일 대통령비서실에서 작성한 '상황보고서 1보'가 '구조 골든타임'인 10:17을 지난 10:19~10:20이 돼서야 대통령 관저에 도착한 사실을 인정했다. 또 대통령비서실에서 작성한 다른 상황보고서도 박근혜 전 대통령에게 실시간으로 전달되지 않았다는 사실을 인정했다. 쟁점이 된 세 문서 모두 법원이 인정한 이런 사실과 배치되는데 정작 재판부는 이번 판결에서 '국회 서면답변'을 작성한 행위에 대해서만 김기춘의 범죄 성립을 인정했다.

검찰은 '상황보고서 1보'에 기재된 시간이 사후적으로 수정된 이유가 박근혜 전 대통령이 10:00에 보고를 받고 즉각 조치를 지시한 것처럼 가장하기 위한 것이라며 그 허위 공문서가 김기춘의 범죄사실에 포함돼야 한다고 주장했다.

그러나 재판부는 김기춘의 허위 공문서 작성 및 행사 사실과 '상황보고서 1보' 수정이 연관성이 없다며 관련 부분을 범죄사실에서 삭제했다. 하지만 이런 재판부의 판단은 김기춘이 '상황보고서 1보'에 기재된 10:00를 정부의 조치가 적절했다고 주장할 때 최초 보고 시간으로서 지속적으로 활용했다는 점에서 타당하다고 보기 어렵다.

또 재판부는 김기춘과 관련해 '국회 대비 예상 질의응답 자료'를 공문서로 볼 수 없다고 판단했다. '국회 대비 예상 질의응답 자료'는 내부 회의용 참고 자료라 확정적인 의사 표시가 없는 문서로서 공문서가 될 수 없다는 설명이었다. 그러나 이런 판단은 '국회 대비 예상 질의응답 자료'의 작성 목적이나 의미 등을 이해하지 못한 데서 나온 것이다.

공무원이 작성하는 '국회 대비 예상 질의응답 자료'는 실무에서 국회의 실제 질의를 답변하기 위해 작성되는 자료다. 그리고 그 내용은 대외적으로 활용될 수 있다. 따라서 재판부의 판단은 '국회 대비 예상 질의응답 자료'의 실질을 고려하지 않은 것으로서 부당하다. 이처럼 이번 판결은 불충분한 심리를 통해 김기춘의 '국회 서면 답변'의 작성과 행사만을 범죄로 인정했다는 점에서 비판이 가능하다.

또 재판부는 김기춘에 대한 양형에서 "개인의 이익을 위해 이 사건 범행을 한 것은 아닌 것으로 보이는 점"을 유리한 정상으로 참작했다. 이는 국민 생명권 보호 의무를 이행하지 못한 정부의 책임을 은폐하려 한 김기춘의 반헌법적인 범행 목적을 유리한 정상으로 참작한 것과 다를 바 없다.

재판부는 피고인 김장수의 범죄사실 인정과 관련해 참사 당일 그와 박근혜 전 대통령 간의 최초 통화 시간이 10:15경이라는 것은 사실이 아니고 '구조 골든타임'인 10:17을 지난 10:22경이 더욱 사실에 부합한다고 판단했다. 그러나 재판부는 정작 김장수가 10:15이 박근혜 전 대통령과의 최초 통화 시간이라며 국가안보실 직원들에게 그 시간을 반영한 공문서를 작성하게 한 사실에 대해서는 허위 공문서 작성 및 행사죄가 성립하지 않는다고 결론을 내렸다.

재판부는 김장수가 10:15경 박근혜 전 대통령과 최초로 통화한 사실이 없다고 하더라도, 이를 알면서 통화 내역을 허위로 만들었다는 점이 증명되지 않았다고 설명한다. 즉 김장수에게 고의를 인정할 수 없다는 것이다. 재판부는 특히 김장수가 최초 통화 시간을 10:22경에서 7분 앞당긴 10:15경으로 허위 조작할 만한 범행 동기를 찾기 어렵다고 보았다.

하지만 이런 판단은 납득하기 어렵다. 김장수가 10:15경을 최초 통화 시간이라 주장한 이유가 '구조 골든타임'을 놓쳤다는 비판을 무마하기 위해 박근혜 전 대통령이 10:17 이전에 보고를 받고 구조를 즉각 지시했다는 점을 강조하기 위한 것임은 김장수의 참사 초기 발언 등을 통해 충분히 확인할 수 있기 때문이다.

재판부는 김장수는 퇴임해 공무원 신분을 상실한 자라서 고의를 인정하더라도 국가안보실 직원들과의 '공모'를 인정할 수 없어 범죄가 성립하지 않는다고 보았다. 하지만 이번 판결에서 채택한 국가안보실 직원들의 증언을 살펴보면 김장수가 퇴임 전후로 직원들에게 최초 통화 시간을 반영한 문건을 작성하라고 지시한 사실이 드러난다.

　직원들도 김장수가 주장하는 최초 통화 시간이 허위임을 인식하고 있었던 것으로 보인다. 이를 보더라도 김장수와 국가안보실 직원들 사이의 '공모'를 인정할 수 없다는 재판부의 판단은 동의하기 어렵다.

　한편 피고인 김관진은 공용서류 손상죄와 직권남용 권리행사방해죄로 기소됐다. 국가 위기관리 컨트롤 타워를 청와대로 규정하고 있던 '국가위기관리기본지침'을 지워서 고치는 위법한 방식으로 수정하는 것을 승인·지시한 것이다.

　하지만 재판부는 김관진이 국가안보실장으로 부임한 지 한 달도 안 된 상황에서 '국가위기관리지침' 위법 수정을 공용 서류의 손상으로 인식할 수는 없었을 것이라고 판단했다. 김장수와 마찬가지로 김관진에게도 고의를 인정할 수 없어 공용서류 손상죄 및 직권남용 권리행사방해죄가 성립할 수 없다는 것이다.

　그러나 '국가위기관리지침' 수정은 국가안보실장의 '승인'을 반드시 거쳐야만 한다는 점과 김관진이 국가안보실 소속 직원들로부터 관련 보고를 수차례 받은 점을 고려하면 재판부의 판단이 타당한지 의문이다. 무엇보다 대통령훈령인 '국가위기관리지침'을 지워서 고치는 방식으로 수정한 행위는 위법하다는 점이 뚜렷이 드러나는 행위다. 이런 점에서 그에게 미필적 고의조차 인정할 수 없다는 재판부의 판단은 동의하기 어렵다.

마지막으로 재판부는 피고인 윤전추가 박근혜 전 대통령 탄핵 심판 과정에서 한 허위 진술을 모두 유죄로 인정했다. 그러나 재판부는 윤전추에 대한 양형에서 "위증이 헌법재판소의 대통령 탄핵 결정에 영향을 미치지 않은 것으로 보인다"라는 점을 유리한 정상으로 참작했다.

윤전추의 허위 진술의 내용은 탄핵 심판을 철저히 방해했다. 윤전추는 '집무실'이라는 존재하지 않는 공간을 존재하는 것처럼 허위로 진술했고, 박근혜 전 대통령이 09:00부터 '집무실'에 있었다고 허위로 주장했으며, 전달하지 못한 상황보고서도 전달했다고 허위로 진술했다.

헌법재판소의 박근혜 전 대통령에 대한 탄핵 심판 결정에서 세월호 참사와 관련된 탄핵 사유는 받아들여지지 않았는데, 재판부와 같이 윤전추의 위증이 탄핵 심판 결정에 영향을 미치지 않았다고 단정할 수 있는지 의문이다.

이번 판결은 피고인들의 범행 동기 및 범행에 대한 불충분한 심리와 형식적 판단으로 세월호 참사에 대한 정부 책임을 은폐한 자들의 처벌을 사실상 포기하는 결과를 야기했다. 특히 보고 시간 조작 등 피고인들의 범행 사실을 확인했는데도 형식적 논리로 그들에 대한 엄중한 처벌을 외면했다.

서울중앙지방법원 형사합의30부(재판장 권희) 2019.8.14. 선고 2018고합306 판결
서울고등법원 형사13부(재판장 구회근) 2020.7.9. 선고 2019노1880 판결(김기춘, 김관진: 항소 기각 / 김장수: 무죄)
대법원 3부(주심 안철상) 2022.8.19. 선고 2020도9714 판결(김기춘: 파기환송 / 김관진, 김장수: 상고 기각)
서울고등법원 형사1-2부(재판장 엄상필) 2022.11.16. 선고 2022노2167 판결(김기춘: 무죄)
대법원 2부(주심 이동원) 2023.6.29. 선고 2022도15409 판결(김기춘: 상고 기각)

1심 판결 이후 이어진 상고심과 파기환송심에서 피고인 김기춘, 김장수, 김관진은 모두 무죄가 확정됐다. 대법원은 "11회의 이메일 보고와 3회의 서면 보고"가 있었기 때문에 실시간으로 보고됐다는 취지의 피고인 김기춘의 서면 답변이 허위가 아니고 그에 관한 인식도 없었다며 원심의 판단을 뒤집었다. 이런 대법원의 판단은 원심보다 더 형식적인 법리로서 부정의를 용인했다는 점에서 납득하기 어렵다.

씁쓸하지만, 승자는 홈플러스다

**홈플러스 개인정보 판매는 유죄 인정했으나
범죄 수익을 추징하지 못한 판결**

강태리 변호사

2014년 7월 27일 MBC 프로그램 '시사매거진 2580'에서는 홈플러스의 경품 사기극을 보도했다. 홈플러스는 경품 행사에서 '홈플러스에서 다이아몬드가 내린다'는 문구로 홍보하며 1등 당첨자에게 7800만 원에 상당하는 드비어스 다이아몬드를 지급한다고 했다.

하지만 2580팀이 확인한 결과, 드비어스 측은 그런 다이아몬드를 홈플러스에 판매한 적도 없고 경품 1등 당첨자는 다이아몬드를 지급받지도 않았다. 2580팀은 홈플러스가 경품 응모권으로 모은 고객 정보를 보험회사에 판매한 사실도 밝혀냈다. 홈플러스 사태의 서막이 오른 것이다.

이후 국민들의 분노, 홈플러스 불매 운동, 홈플러스 경영진 출국 금지, 홈플러스 본사 압수수색이 이어졌다. 수사 결과, 홈플러스의 경품 행사는 애초에 보험회사에 팔 고객 정보를 모으기 위해 계획

된 것임이 드러났다. 홈플러스는 경품 행사에 응모한 고객 정보가 보험회사에 제공된다는 내용을 응모권 뒷면에 1밀리미터 크기 글씨로 적어, 사실상 고객들이 자신의 정보가 보험회사에 판매된다는 사실을 모르게 했다.

이렇게 홈플러스는 2011년 12월부터 2014년 7월까지 경품 행사를 진행해 보험회사로부터 232억 원가량 수익을 얻었다. 검찰은 홈플러스 법인과 임직원들, 보험회사 임직원들을 기소했다.

그 뒤로 4년 세월이 흐르는 동안 5번의 법원 판결이 이어졌다. 1심과 2심은 홈플러스가 1밀리미터 깨알 같은 글씨로 고지한 것이 적법하다며 무죄를 선고했으나, 3심 대법원에서는 1심과 2심 판단을 뒤집고 "응모권에 기재된 1밀리미터의 글씨는 소비자의 입장에서 보아 그 내용을 읽기가 쉽지 않다"라며 유죄 취지로 파기 환송했다.

이후 파기환송심에서는 유죄를 선고하며 판매 수익 232억 원은 몰수·추징할 수 없다고 판단했고, 대법원이 2019년 7월 25일자로 최종 확정했다.

왜 법원은 판매 수익 232억 원을 몰수·추징할 수 없다고 판단했나. 개인정보보호법과 정보통신망법에서는 개인정보 불법 유통 등으로 인한 범죄 수익을 박탈하고자 '위반 행위와 관련해 취득한 금품이나 그 밖의 이익은 몰수할 수 있으며, 이를 몰수할 수 없을 때에는 그 가액을 추징할 수 있다'는 규정을 2015년과 2016년에 신설했다.

하지만 홈플러스의 범죄행위는 이런 규정이 신설되기 전인 2011 ~2014년에 발생한 것이어서 규정을 적용하지 못하고 형법상 몰수·추징이 가능한지가 문제 되었던 것이다. 결국 법원은, 형법상 몰수는 '물건'(유체물)에 대해서만 가능하고 몰수가 어려우면 가액을 추징하게 돼 있는데 개인정보는 형법상 몰수할 수 있는 '물건'이 아니라고 보았다.

형법상 몰수는 그 대상이 '물건'에 제한돼 무형적 이익은 해당하지 않으므로, 오늘날 재산이 무체물화 돼가는 추세를 고려할 때 범죄 수익 몰수에서 극히 제한적인 기능밖에 수행할 수 없다. 몰수·추징의 대상 범죄가 점점 더 전문화·고도화돼가면서 형법이 따라가지 못하는 것이다.

형법은 1953년에 제정되었는데 그 시대에 개인정보 같은 무형적 이익이 형사처벌과 연관되리라고는 상상하기 어려웠을 것이다. 그 결과 홈플러스의 행위는 위법이지만 그 행위로 취득한 수익금 232억 원은 몰수(추징)할 수 없다는, 일반 상식으로는 도저히 납득되지 않는 판결이 나오는 것이다.

2014년 '시사매거진 2580'의 보도부터 2019년 7월 대법원 최종 판결까지 홈플러스 사태가 우리에게 남긴 것은 무엇인가.

우선 우리의 개인정보가 이곳저곳에서 잘 팔리고 있음을 알게 되었다. 홈플러스가 매장에 진열한 물건만 파는 게 아니라 고객 정보도 열심히 팔고 있음을 알게 되었다. 그 가운데 1밀리미터 작은 글씨로 작성한 저의가 명백한데도 개인정보보호법상 의무를 지켰다고 주장하는 뻔뻔함도 보게 되었다.

이렇게 내 개인정보는 홈플러스가 보험회사에 팔고, 내 병원 처방전 정보는 약학정보원이 모아 IMS헬스에 판다. 개인정보를 대량으로 수집 관리하는 기업·단체들은 사람들 몰래 정보를 팔아 돈을 벌고 있는 것이다.

또 우리는 개인정보 판매가 위법행위로 처벌받아도 사실상 기업이 손해를 보는 일은 없음을 잘 알게 되었다. 판결을 5차례나 받았지만 홈플러스는 결국 200억 원 넘는 수익을 거뒀다. 이러니 기업 입장에서는 개인정보를 안 팔 이유가 없다. 개인정보 장사만큼 알짜배기가 어디 있을까 싶다. 방송통신위원회나 공정거래위원회의 제재금, 법원의 벌금이야 비용으로 생각하면 되지 않나. 그 얼마 되지 않는 비용을 내면 수억 원 수익을 얻을 수 있다.

기업 입장에서는 점포 임대나 초기 투자 비용도 없이 그저 고객 정보를 팔면 된다. 홈플러스는 갖고 있던 고객 정보가 부족해 경품 행사로 정보를 더 모아 팔았다. 그렇게 하면 200억 원 넘는 수익이 떨어진다. 이런 고수익 저비용 사업을 마다할 기업이 도대체 어디 있겠나.

홈플러스 사태 이후 앞으로는 어떻게 될까. 어떤 주체의 이익이 향하는 곳에 그 행동이 따르기 마련 아니겠는가. 우리 법원 판결들은 기업들에 개인정보 보호를 극대화하라고 가르치는가, 아니면 개인정보를 잘 판매해 수익을 거두라고 속삭이는가? 이 문제는 답이 너무 뻔해서 그저 안타깝기만 하다.

대법원 2부(주심 김상환) 2019.7.25. 선고 2018도13694 판결

무작정 '복붙'한 사악한 판결문

양승태 대법원의 판례를 유지해
과거사 재심 무죄 사건의 국가배상을 거부한 판결

한상희 교수

'유신닭'. 유신 독재의 서슬이 시퍼랬던 1977년, 필자가 속했던 동아리가 올린 단합 대회용 풍자극의 제목이자 소재였다. 국어사전은 '닭대가리'를 기억력이 좋지 못하고 어리석은 사람을 조롱하는 뜻으로 풀어내지만, 유신 독재는 수많은 닭대가리 인간들을 만들어 냈다. 스스로 판단할 수도 없고 판단할 능력조차 빼앗긴 사람들. 그저 먹이만 쫓아 주인이 부르는 대로 우르르 몰려다니는, 그러면서도 어쩌다 주워 먹은 부스러기 하나로 득세한 양 세상에 군림하던 인간들.

긴급조치 제9호의 피해자들이 국가배상 청구를 했을 때 유신닭의 망령은 여지없이 되살아난다. 짧은 기억력에 생각 없음을 더하며 저 유신의 패악을 정확히 반복 재생산하는 사법 권력의 반동, 사람에게 상처를 입힌 것은 잘못이지만 그 사람에게 주먹을 휘두른 행위는 잘못이 아니라는 억지. 이번 판결은 그 전형을 이룬다.

긴급조치 피해자 74명이 원고가 되어 진행된 이번 사건에서 판결은 두 부분으로 나뉜다. 그중 각하된 부분은 법리적으로 무리가 없다. 재판부는 문동환과 문정현 두 원고가 제기한 청구에 대해, 재산상 손해 부분은 민주화보상법에 의해 이미 보상받은 것이기에 각하하고 정신적 손해 부분만 적법하게 청구된 것으로 보았다. 같은 내용의 헌법재판소 결정(2018.8.30. 선고 2014헌바180)을 존중한 것이다.

문제는 두 번째 부분이다. 긴급조치가 위헌·무효라 하더라도, 첫째 그것을 선포한 대통령의 행위는 고도의 정치적 결단에 의한 통치 행위이므로 법원이 판단할 수 없고, 둘째 긴급조치에 따라 영장 없이 구금해 수사를 진행하고 기소하고 또 법원이 유죄 판결을 해 징역과 자격정지로 원고들의 신체와 정신, 일상을 파괴한 행위는 국가배상의 대상이 되지 않는다고 했다. 사법 농단은 여전히 우리 법원을 관통하고 있는 폭력적 현실임을 재판부는 이렇게 판결로써 드러내고 있다.

법원의 자기 면죄부

권위주의 체제에서 '통치 행위'라는 개념은 그 정권이 행사하던 폭력을 법의 이름으로 포장한 것에 불과하다. 이미 헌법재판소와 대법원은 통치 행위든 뭐든 국민의 기본권을 침해하는 것이라면 모두 사법적 판단의 대상이 된다는 점을 단호히 선언한 바 있다. 금융실명제나 행정 수도 이전과 같은 정치적 결단에 대해서조차 헌법재판소는 그 위헌성 심사에 주저하지 않았다. 무엇보다 소중한 국민의 기본적 자유와 권리가 그런 조치들에 의해 침해될 가능성이 있다고 보았기 때문이다.

물론 박정희 전 대통령의 긴급조치 선포 행위에 면죄부를 던져준 대법원의 선례(대법원 2015.3.26. 선고 2012다48824 판결)가 있기는 하다. 이번 판결은 그 선례를 그대로 복제한다. 이번 판결이 심각한 문제가 있음은 바로 그 때문이다.

첫째, 대법원의 선례는 최근의 사법 농단에 깊이 연관된 맥락에서 결정된 것이다. 사법이 정치권력과 유착해 좌고우면함에 전혀 주저함이 없었던 시절에 스스로 청와대와 정치적 거래에 나섰던 그 대법관이, 바로 그 정치권력의 전신이라 할 유신 정권의 폭력에 희생됐던 사람들이 제기한 사건을 주심이 되어 처리했다. 그때 판결이 판결 이유조차 겨우 6줄짜리 한 문장으로 왜소해질 수밖에 없었던 이유도 여기에 있다. 유신 정권을 등에 업고 등장한 당시 정권에 누가 되지 않아야 했기에 단순 무식하게 단정적인 문장 하나로 민주화 운동의 전 과정을 지웠던 것이다.

이번 사건의 판결문은 그래서 사악하다. 대법원의 선례가 나왔던 경과가 그러하고, 그것이 최근 터져 나온 사법 농단 사태와 어떤 연관이 있는지 이미 다 드러난 시점에, 아무런 반성도, 회의도, 하다못해 억지 법리라도 추가하려는 몸짓조차도 없이 무작정 '복붙'(복사해붙이기)했다.

둘째, 이번 판결은 재판부 자신이 법원판 갈라파고스임을 자백한다. 2015년 대법원 판결이 나왔을 때 우리 사회는 물론 법률가 사회에서도 수많은 비판이 일었다. 민주화 과정을 거스르는 역사적 퇴행이자 보수의 반동이라는 비난에서부터, 통치 행위 개념을 부정적으로 바라보는 다른 대법원 판례나 헌법재판소 결정들에 근거한 비판들, 그리고 사법 농단 사태와 관련해 정치적 음모론까지 거론하는 전 사회적 논란들까지 꼬리를 물었다.

하지만 이번 재판부는 모든 이야기들을 일거에 무시했다. 마치 자신들은 다른 세상, 다른 시공간에 사는 양 지난 5년간의 세상사에 완전히 눈을 감고 오불관언의 아집만을 드러냈을 뿐이다. 오로지 법원 무오류성이라는 신화에 빠져 국민들이 뭐라고 말하든 세상일이 어떻게 바뀌어가든 아랑곳없이 상급 법원의 선례만 붙잡고 맹종하며 국민 위에 군림하려고 한다. 그래서 이번 판결은 또 다른 권력으로 변신한 사법 농단 사태의 축소판이 돼버린다.

반동으로 치닫는 편법

이번 판결의 두 번째 논점 역시 눈 가리고 아웅 하는 식의 형식논리로 일관한다. 원고들에게 무죄를 선고한 서울고등법원의 재심 판결들은 긴급조치 자체가 위헌·무효라는 점을 이유로 했다. 이번 판결은 그 점을 교묘히 역이용한다.

원래 사건은 긴급조치 제9호에 따라 피의자들을 영장도 없이 체포·구금해 수사한 뒤 죄를 뒤집어씌운 것이었다. 원고들은 당시 수사관들이 긴급조치 제9호가 시킨다고 해서 맹목적으로 영장도 없이 체포·구금해 가혹 행위로 진술을 강요하며 수사한 것은 잘못이며, 그것을 시정해야 할 법원이 불법 수사를 받아들이고 심지어 위헌·무효인 긴급조치 제9호를 적용해 유죄 판결을 내린 것도 불법행위인 만큼, 그로 인해 자신들이 입은 피해를 배상하라고 요구했다.

　원래 공무원은 자신에게 주어진 직무 명령이 위법하다고 판단할 경우 그 이행을 거부해야 한다. 법치주의는 이를 요구하는 헌법 명령이다. 최근 문화체육부의 블랙리스트 사건은 이런 의무를 위반한 데에 대한 단죄가 이뤄지는 것이기도 하다. 법원 또한 마찬가지다. 재판에 적용될 법이 잘못된 것인지는 법원 스스로 판단해야 할 의무가 있다. 긴급조치와 같은 국가 폭력에 대해서도 마찬가지다.

　법을 집행하는 수사관은 물론 적용하는 법원도 당연히 긴급조치가 국민의 기본권을 제한하거나 침해하지는 않는지, 만일 그렇다면 긴급조치는 헌법이 요구하는 절차와 요건에 따라 이뤄졌는지, 그리고 그 내용은 헌법 명령에 따라 최소한의 수준에 그쳤는지를 자신들의 기본적 직무 내용으로 살펴야 한다. 원고들의 주장은 이렇게 당연한 법리를 전제로 한다. 수사관도 법원도 당연한 직무 책임을 제대로 이행하지 않았고 그 때문에 자신들은 돌이킬 수 없는 손해를 입었다는 것이다.

　그런데 재판부는 이런 주장을 간교하게 외면한다. 수사관의 강제수사가 불법하다는 원고 측의 주장에 대해서는 앞의 통치행위론을 다시 적용해 기각한다. 그러면서 공무원은 위법한 직무 명령을 거부할 법적 의무를 지고 있다는 사실 자체는 은밀히 감춰두었다.

　또 법원이 잘못된 판단을 했다는 주장에 대해서는 원고에게 무죄를 선고한 서울고등법원의 재심 판결에다 그 평계를 갖다 댄다. 원래의 유죄 판결이 '범죄사실의 증명이 없는 때'에 해당한다는 이유로 서울고등법원에서 무죄를 확정한 것이라면 처음의 재판부는 증거도 없이 유죄 판결을 한 잘못이 있는 만큼 국가가 배상할 책임이 있다고 보았다.

그런데 공교롭게도 서울고등법원의 판결 이유는 '긴급조치 제9호가 위헌·무효'라는 점이었다. 이번 판결은 그 점을 확대 해석한다. 원고들에게 고통을 야기한 것은 법원의 판결이 아니라 그렇게 판결하게끔 명령한 긴급조치 제9호가 아니냐, 당시 수사관과 마찬가지로 재판부도 긴급조치 제9호가 시키는 대로 군소리 없이 충실히 재판했을 따름인데 거기에 무슨 잘못이 있느냐고 항변한 것이다. 한마디로 '우리는 시키는 대로 했을 뿐입니다'라는 아이히만식 변명이 여기서 그대로 반복된다.

> (긴급조치 제9호는) 그 발동 요건을 갖추지 못한 채 목적상 한계를 벗어나 국민의 자유와 권리를 지나치게 제한함으로써 헌법상 보장된 국민의 기본권을 침해한 것이므로, 긴급조치 제9호가 해제 내지 실효되기 이전부터 이는 유신헌법에 위배되어 위헌·무효이고, 더 나아가 긴급조치 제9호에 의해 침해된 기본권들의 보장 규정을 두고 있는 현행 헌법에 비춰보더라도 위헌·무효이다.(대법원 2013.4.18. 선고 2011초기689 결정)

이 인용은 이번 판결이 그토록 애지중지하는 대법원 결정의 한 부분이다. 긴급조치는 현행 헌법에도 위반되지만 당시 유신헌법에 비춰보더라도 그 발동 요건과 한계를 위반해 위헌·무효라는 것이다. 비록 유신헌법이 긴급조치에 대해 사법 판단을 할 수 없다고 규정했더라도 그 조항은 긴급조치의 발동 요건과 같은 형식적이고 절차적인 사항까지 심사하지 못하게 막은 것은 아니었다. 그리고 절차나 요건 충족 여부에 대한 최소한의 심사는 국민의 권리에 대한 최후의 보루라고 자부하는 법원의 몫이고, 국민 전체에 봉사하는 공무원의 몫이었다.

그럼에도 당시 수사관은 물론 당시 법원조차도 이런 판단을 하지 않았다. 헌법을 수호하고 국민의 기본권을 보호해야 할 사법권을 담당했던 법원도, 사법경찰관도 제 역할을 하지 않고 책무를 저버렸다. 물론 서슬 퍼런 폭력 앞에서 긴급조치가 위헌이라고 말할 수 있는 공무원은 드물었다. 그걸 탓하는 게 아니다.

지금 이 순간에서는 적어도 그렇게 말하지 않은 것에 대한 반성이 있어야 한다는 것이다. 백 보를 양보해, 그 당시 그렇게 하지 않고 그렇게 말하지 않은 것이 정당했다고 강변하는 행태만큼은 지금 같은 민주화 시대에는 더 이상 있어서는 안 된다는 것이다.

이번 판결은 그래서 뻔뻔하다. 국민이 사법관에게 부여한 사법심사(국가권력의 위법성 여부를 따지는 것) 권한을 송두리째 내팽개치고도 일말의 반성도 없이 되레 당당하게 구는 악다구니가 이번 판결에 가득하기 때문이다.

법원 무오류라는 신화와 그 광신도들

좀 더 자세히 살펴보자. 긴급조치 제9호가 위헌·무효라는 것은 그 당시에도 마찬가지였다. 유신헌법 자체에도 반하는 것이었기 때문이다. 그런데도 당시 법원은 위헌·무효인 긴급조치를 적용해 영장 없는 강제 수사를 적법하다고 판단했고 불법 수사의 결과를 바탕으로 원고들에게 유죄를 선고해 오만 고통을 겪게 했다.

한마디로 잘못된 법을 적용해 원고들에게 막중한 손해를 야기했다. 서울고등법원의 재심 판결은 이렇게 긴 이야기를 한마디로 축약해 '긴급조치 제9호가 위헌·무효이므로 (그 적용을 받아 유죄 판결을 받은) 피고인들은 무죄다'라고 판결했다. 그 이상의 이야기는 군더더기였다.

그런데 이번 판결은 군이 재심 판결의 의미를 최소한의 수준으로 축소하려고 안간힘을 쓴다. 재심 판결은 긴급조치 제9호가 위헌·무효라는 것만 말했지, 원래의 재판 자체가 엉터리이거나 불법이었다고 말한 것은 아니지 않느냐는 식이다. 여기서 재심 판결을 보자.

> 원심이 유죄로 판단한 조치는 그 범죄사실에 적용할 법령인 긴급조치 제9호의 위헌 여부 판단에 대한 법리를 오해해 판결 결과에 영향을 미친 위법이 있다고 할 것이다.(서울고등법원 2013.7.3. 선고 2011재노130 판결)

물론 이때의 법리 오해는 많은 경우 국가배상 책임의 원인이 되지는 않는다. 법이란 이렇게도 저렇게도 해석될 수 있고 다양한 해석이 가능해서 민주적 법치의 원리가 빛을 발할 수 있기 때문이다. 하지만 원심 판결은 법리를 오해한 게 아니라 해야 할 법리 판단 자체를 하지 않은 것이기에 사정은 전혀 다르다. 그것은 유신헌법 제53조에 규정된 요건 자체가 충족되지 않은 긴급조치 제9호가 당연

무효에 해당하는지를 전혀 고려하지 않았다.

실제 당시만 해도 통치 행위라는 개념에 대해 사법권은 그들 나름대로 충실히 심사하고 또 의미 있는 판결들도 내어놓았다. 한일협정에 반대한 6·3 사태에 대해 계엄령을 선포한 군사정권의 행위가 사법 심사의 대상이 되는지를 두고 서울고등법원과 대법원은 각각 다른 결정을 했었다.

대법원은 일본의 유사 사례를 참조해 통치 행위는 일종의 재량 행위로 그것이 당연무효인 경우는 사법 심사의 대상이 될 수 있다는 점을 분명히 판시했다(대법원 1964.7.1. 선고 64로159 판결). 아울러 1968년 김철수 교수는 〈고시계〉라는 잡지에 '통치행위의 이론과 실제'라는 논문을 기고해 이런 대법원과 일본 판례의 입장을 충분히 소개한 바 있다.

요컨대 당시에도 '통치 행위'는 사법 판단이 될 수도 있다는 것이 선례였고 또 그에 대한 학계의 뒷받침도 있었다. 그래서 당시 대법원의 선례에 비춰보더라도, 유죄를 판결한 원심 법원은 긴급조치 제9호가 통치 행위라 사법 심사의 대상이 아니다라는 결론을 내리기 이전에, 최소한 "발동 요건도 갖추지 못한 채 목적상 한계를 벗어나" 있는지는 심사했어야 했다.

하지만 원심 법원은 이런 심사를 전혀 하지 않아 직무를 유기한 셈이 됐고 그 결과가 재심 법원에 의해 유죄 판결을 무효화하는 판결로 이어진 것이다. 이는 단순한 법리 오해와는 경우가 다르다. 법리 오해는 판단이 잘못된 것이지만 이 경우는 판단 일탈이다. 판단 일탈로 불법·무효인 법률(긴급조치 제9호)을 적용해 판결했고 그 결과 원고들에게 돌이킬 수 없는 손해를 야기했다.

적어도 이번 재판부가 민주화 시대에서 법치주의가 갖는 의미를 조금이라도 고려했다면, 그리고 지난 촛불 집회 이후 적나라하게 드러난 사법 농단의 패악을 추호라도 반성했다면 이런 판단은 하지 않았을 것이다.

이번 판결의 요지는 간단하다:

법원은 오류를 범하지 않는다. 긴급조치 제9호에 따른 유죄 판결은 긴급조치 자체의 오류로부터 나오는 것이지, 그것을 적용해 유죄를 선고한 법원의 오류는 아니다. 그러니까 법원이 잘못 판단했다는 이유로 국가배상을 청구한 것은 기각한다.

"나는 내 책임 몫만큼 상관의 지시를 수행했을 뿐이다. 그 임무 수행이 무고한 사람을 죽이는 결과를 가져온다는 사실을 생각해볼 수도, 명령을 거부하는 용기를 낼 수도 있었겠지만 그건 무의미하다. 나 하나가 저항해도 아무 변화를 이끌어내지 못했을 것이다."

나치의 유대인 학살 책임자였던 아돌프 아이히만의 어처구니없는 항변은 원고들을 폭압적으로 수사한 수사관과 유죄 판결 법원을 거쳐 이제 이번 판결을 한 재판부에 의해 다시 반복된다: 잘못된 것은 히틀러의 명령일 뿐, 그리고 저 긴급조치 제9호일 뿐, 그것을 선포한 자도, 그것에 따라 폭압적인 수사를 한 자도, 그에 빌붙어 유죄 판결을 내린 자도 아무런 책임을 지지 않는다.

벌써 70년 전 독일 뉘른베르크에서, 도쿄에서 전 인류의 이름으로 정리·청산됐던 평범한 악들이 이제 유신닭의 망령이 돼 세상을 배회한다. 사법 농단의 잔해를 아직도 청산하지 못한 이 시대를 비웃으며 말이다.

서울중앙지방법원 민사33부(재판장 김선희) 2019.6.13. 선고
2013가합544003, 2015가합520667(병합) 판결

침해는 있는데 손해는 없다?

약학정보원과 IMS헬스의 환자 질병 정보 불법 수집·매매에 대한 손해배상 소송

강태리 변호사

'침해는 있는데 손해는 없다.' 이게 무슨 궤변인가 싶을 것이다. 개인정보가 무단 수집·판매돼 개인정보 자기결정권이 '침해'됐지만 그로 인해 정신적 '손해'는 발생하지 않았다는 의미다. IMS헬스 사건의 서울고등법원 판결 결론이다.

사건의 내용은 이렇다. 우리는 아프면 병원에 가고 병원에서는 처방전을 발행한다. 우리는 처방전을 들고 약국에 가고 약국에서는 처방전 내용을 설치돼 있는 프로그램에 입력한다. 그런데 약국 프로그램에 입력돼 있는 처방전 정보를 약학정보원이 열심히 수집해 IMS헬스라는 미국 회사에 팔았다. 처방전 정보에는 '환자의 주민등록번호와 성별, 생년월일, 질병분류기호, 처방 의약품 정보' 등이 포함돼 있었다. IMS헬스는 처방전 정보를 분석해 그 분석 정보를 다시 제약 회사들에 팔았다. 제약 회사들은 분석 정보를 의약품 영업 활동에 이용했다.

　절망스러운 일이었다. 아주 많은 이들이 경악했다. 다른 정보도 아니고 내 질병에 대한 정보다. 어느 누구에게라도 알려지는 것이 꺼려지는 민감한 정보다. 그런데 그 정보가 아예 국경을 넘어 저 멀리 미국에까지 팔린 것이다. 약학정보원은 IMS헬스에 정보를 팔기 전에는 처방전 정보를 따로 수집한 적도 다른 회사에 판 적도 없었다. 오로지 IMS헬스에 처방전 정보를 팔려고 정보 수집 프로그램을 개발한 것이었다. 이런 처방전 정보 판매는 2011년부터 2015년까지 4년 넘게 이뤄졌다.

　이런 충격적인 사건을 알게 된 환자들은 소송을 제기했다. 환자들은 약학정보원과 IMS헬스 등을 상대로, 자신들의 동의 없이 처방전 정보가 판매돼 입은 손해를 배상하라고 청구했다. 이에 대해 법원은 환자들의 동의 없이 처방전 정보를 수집하고 IMS헬스에 제공한 행위는 개인정보보호법을 위반한 것이라고 판단했다.

　그런데 환자들에게 손해는 발생하지 않았다고 판시했다. 어째서 이런 결론이 났을까. 판결문의 한 문장을 읽어보자.

　"원고들은 언론 보도 등을 통해 피고 약학정보원과 피고 IMS헬스가 이 사건 정보를 수집, 이용했음을 알게 됐고 수사기관에 대한 사실 조회 등을 통해 비로소 자신들의 개인정보가 위법하게 수집됐음을 알게 됐을 뿐이다."

　이것은 참으로 말 그대로 '복장 터지는' 문장이다. 이 문장 하나로, 법원이 개인정보 유출 피해자들을 어떤 시선으로 보는지 잘 드러난다. 사실 그렇다, 피해자들은 개인정보 유출 사실을 사전에 알

방도가 없다. 언론에 보도돼야만 겨우 유출 사실을 알게 되고, 그렇다 해도 유출 피해를 어떻게 구제받아야 하는지 딱히 알기 어렵다. 따라서 피해자는 언론 보도를 통하든 수사기관에 사실 조회를 하든 스스로 열심히 자신이 입은 피해를 알아내는 수밖에 없다. 그런데 법원은 오히려 그런 피해자들의 행위를 역으로 해석해 '이제까지 피해 사실을 잘 몰랐으니 무슨 정신적 손해가 있겠느냐'고 한 것이다.

또 법원은 정보들이 제삼자에게 널리 유출되지 않았으므로 원고들의 정신적 손해가 인정되지 않는다고도 했다. 그러나 만약 피해자들이 유출 사실을 사전에 잘 알아야만 그에 따른 정신적 손해가 발생하는 것으로 봐야 한다면, 애초에 유출 정보가 제삼자한테까지 유출되는지를 검토할 필요가 없다. 개인정보 유출 피해자들은 자신들의 정보가 과연 어디에서 어디까지 유출되는지조차 쉽게 알지 못하기 때문이다.

침해가 있는 것이 명백한 상황이라면, 그 침해로 인한 손해가 없는 경우는 매우 이례적이다. 이런 이례적인 경우를 판단할 때에는 매우 신중해야 한다. 특히 그 사건이 한 개인의 이해관계 다툼이 아니라, 국민 전체에 대해 개인정보 자기결정권의 틀을 규정지을 수 있는 파급력이 있다면 더더욱 신중해야 한다. 그런데 법원은 국민들이 개인정보 유출 사실을 잘 모르면 손해도 없는 것이라고 매우 쉽게 판단을 내린 것 같다. 대한민국 법원은 어느 편에 섰나? 위법을 저지른 자인가, 아니면 그 위법이 벌어진 줄도 모른 채 세상의 선의를 믿고 순진하게 살아온 자들인가?

또한 묻고 싶다. 법원의 기준이 그렇다면, 개인정보가 유출되고도 손해를 배상받을 수 있는 자는 과연 누구인가? 개인정보 유출 사실을 알고도 꾹 참고 오랜 세월을 버텨낸 자, 아니면 개인정보 유출사실을 알고 정신과 치료를 받아서 병원 진료 기록을 증거로 제출한 자라면 가능한가? 처방전 정보가 남몰래 미국으로 유출된 환자들, 그들이 더 어떻게 했어야만 정신적 손해를 배상받을 수 있는지, 나는 정말로 궁금하다.

마지막으로 국민들에게도 묻고 싶다. 우리의 처방전 정보가 몰래 미국까지 팔려나갔는데 우리는 정녕 아무 손해가 없나.

서울고등법원 민사13부(재판장 김용빈) 2019.5.3. 선고 2017나2074963, 2074970(병합) 판결

현재의 판결, 판결의 현재 2
판결비평 2019~2023

2023년 8월 10일 1판 1쇄 발행

지은이 참여연대 사법감시센터
펴낸이 임후성 **펴낸곳** 북콤마
디자인 *sangsoo* **편집** 김삼수

등록 제406-2012-000090호
주소 (413-756) 경기도 파주시 문발동 파주출판단지 534-2 201호
전화 031-955-1650 **팩스** 0505-300-2750
이메일 bookcomma@naver.com
블로그 bookcomma.tistory.com

ISBN 979-11-87572-44-2 04300
　　　 979-11-87572-43-5 (세트)

, BOOKCOMMA